经典 历史

U0669975

中国历史上著名的
科学家

李默 / 主编

广东旅游出版社
GUANGDONG TRAVEL & TOURISM PRESS
悦读书·悦旅行·悦享人生

中国·广州

图书在版编目（CIP）数据

中国历史上著名的科学家 / 李默主编 . — 广州：
广东旅游出版社，2013.10（2024.11 重印）
ISBN 978-7-80766-682-0

Ⅰ . ①中… Ⅱ . ①李… Ⅲ . ①科学家－生平事迹－中
国－通俗读物 Ⅳ . ① K826.1-49

中国版本图书馆 CIP 数据核字 (2013) 第 221356 号

出 版 人：刘志松
总 策 划：李 默
责任编辑：张晶晶　梁诗淇
装帧设计：盛世书香工作室　腾飞文化
责任校对：李瑞苑
责任技编：冼志良

中国历史上著名的科学家
ZHONG GUO LI SHI SHANG ZHU MING DE KE XUE JIA

广东旅游出版社出版发行
（广东省广州市荔湾区沙面北街 71 号首、二层）
邮编：510130
电话：020-87347732（总编室）020-87348887（销售热线）
投稿邮箱：2026542779@qq.com
印刷：三河市嵩川印刷有限公司
　　　（河北省廊坊市三河市杨庄镇肖庄子村）
开本：650×920mm　16 开
字数：105 千字
印张：10
版次：2013 年 10 月第 1 版
印次：2024 年 11 月第 3 次印刷
定价：45.80 元

出版者识

《了解历史丛书》是一部全景式图文并茂记录中国文明历史的大书。出版者穷数年之力，会集各方力量——专家、学者、编辑、学术顾问们，在浩如烟海的历史档案、资料、著作中，探珍问宝，追寻中华文明在悠悠历史长河中的灿烂之光。此书的出版，凝聚了编撰者的心血，学术顾问们的智慧。尤其是李学勤先生，亲自动笔写下了序言，更增加了本书沉甸甸的分量。

中华文明的历史充满了辉煌与苦难，成就和挫折。它的历史无处不在，决定着我们中国人今天的思想和感情。当今的中国和中国人是中华文明的历史造就的，是中华文明的历史的延伸，也是它的一个组成部分，中华文明的历史之河奔流到现在。

中华文明是人类历史上最伟大的文明之一，是人类文明发展的主要构成。中华文明丰富、深刻、辉煌、博大，在人类文明中的骨干作用和领导作用人所共知。在人类文明的发源时期，中国就是四大古国之一，是地球上文化的策源地之一。在人类文明的早期，中华文明已成为文明在东方的支柱，公元前后 200 年间，人类的汉帝国与罗马帝国这两只铁手攥住了地球。在欧洲进入中世纪的时候，中华文明更成为了人类文明最主要的领导，它的文明统治东亚，传遍世界。进入近代，中华文明处于自身的重压和西方的欺凌下，但中国人民的斗争史和奋起精神是人类文明历史中不可缺少的一页。

五千年的中华文明为人类贡献出了从思想家孔子到科学技术的四大发明、从唐诗宋词到长城运河的伟大创造，贡献出了从诸子百家到宋明理学，从商周铜器到明清文学的深刻内涵，也贡献出了从五霸七强到三国纷争、从文景之治到十大武功的辉煌历史。中华文明的历史绚烂多彩，在人类文明的历史长河中永放光芒。

中华文明也是人类历史上最独特的文明，没有哪一个文明像中华文明这样持久，这样统一一致。世界上其他文明不但互相交错，其创造者也都与高加索人种有关，它们是姐妹文明。在人类历史中，只有中华文明才是独特的，它的创造者是中国土地上的中国人民，与其他任何地方的人民都没有关系，它的文化是统一一致的文化，可以不依赖于其他任何文明而生存，但中华文明也绝不是封闭的，它接受他人的文化，也承担自己对于人类的责任。

人类进入新世纪，中国的社会经济发展令世人瞩目。人们对于世界未来的政治和经济结构的估计无不以东亚和太平洋为中心，而尤以中国为重点。

经济起飞只是当代中国的一个方面，中国的精神文明的建设尤为刻不容缓。如果中国要自觉地发展中华文明，要有意识地使中国的发展具有世界意义，就必须发展强有力的精神文化，这样才能使中华文明的发展进入一个新的阶段，才能形成中国和中华文明的全面现代化。

而中国的精神文化的发展植根于中华文明的伟大传统之中。进入近代之后，在西方文化的冲击下，对于中国文化的价值产生大量的情绪化和激烈冲突的论调。"五四"运动"打倒孔家店"的口号具有冲破封建束缚的时代意义，对中国文化的发展有不容否认的正面意义，与文化虚无主义是完全不同的。文化虚无主义者否定中国传统文化，在现代化的旗帜下主张全盘西化；而复古主义则沉迷于中国文化的古董，走进反进步、反科学的泥潭。

历史的发展则超越了所有这些论点，产生这些论调的一百多年来的中国近代史已经结束。历史要求中国发展，要求中国走在全世界发展的前列。西化论和复古论都已过时，历史已经要求世界超越西方，中国可以承担起世界的命运，而中国的现实和世界的历史都说明，中国的使命在于它的发展前进，而非倒退。

中华文明走出迷惘的时代，我们这一代处在一个伟大而具有挑战的历史阶段。

总结历史、展望未来，这就是《了解历史丛书》的意义和使命。我们创作《了解历史丛书》，力求总结和回顾中华文明的全貌，在内容和形式上都开创一个新的局面。在内容结构上，既具有一定的深度，又具有相当的广博性，既有严谨、准确的学术价值，又有活泼、流畅的可读性。我们在本丛书内容纳了中华文明的各个方面，使它综合了大规模学术著作的系统性、严密性和普及读物的全面性、简易性，它既可作为大型工具书检索中华文明的各个成分，又可作为通俗的读物进行浏览。

我们从上世纪 90 年代初起就开始思考中华文明的历史和现实问题，并逐渐形成了编著《了解历史丛书》的设想。在开展这项庞大的文化工程之始，我们就聘请了国内权威学者李学勤、罗哲文、俞伟超、曾宪通、彭卿云诸先生担任学术顾问，他们对计划作了充分讨论，并审阅了大量初稿。我们聘请了广州、香港地区的社会科学学者、大学教师、研究生以及我社编辑人员几十人担任稿件的撰写工作。

通过创作这部书，我们深深地感受到了中华文明的博大精深，也感受到了它的内在缺陷。中华文明具有辉煌的时期，也有苦难的年代，有它灿烂的成就，也有其不足的方面。中华文明在自身中能够吸取充分的经验和教训，就能够使自身健康壮大，成长发展。

通过创作这部书，我们也深深感受到了出版事业的使命和重任。我们希望这部书能受到广大读者的喜爱，起到它所应当起的作用。为中华文明的反省、前进和奋起作一点贡献。

目　录

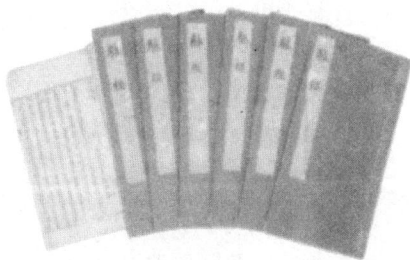

名医扁鹊

扁鹊名秦越人，传说年少时为客舍长。舍客长桑君经过，扁鹊对他很友善，长桑君看出扁鹊非平凡之辈。十几年后，有一天长桑君对扁鹊说："我有传世秘方，现年老，想把这方子传给你，你不要让外人知道。"扁鹊发誓。长桑君于是从怀里拿出药，说："配上池水饮服，30日后当有效。"把秘方都传给扁鹊。言毕忽地不见。扁鹊服了30日药后，可隔墙看见物体。诊病，尽见五脏之症结。

扁鹊于是开始行医，经过虢，听说虢太子死，扁鹊向中庶子好方术者询问太子病情后，说："我能使他复活。"于是入诊太子，还能听到耳鸣，看到鼻翼微张，两腿之间尚有余温。中庶子马上告知虢君。虢君已经悲痛得不能自已。请扁鹊救活太子。扁鹊于是医治，一会，太子仿佛一觉醒来，又服了两个月的药，太子就好了。天下人都传颂着扁鹊能医死人。扁鹊说："不是我能使人死而复生，而是他本来就是活的，我只是使他站起来罢了。"

扁鹊像，出自清人《先医神像册》

晋国赵武死，传景叔，景叔死，传简子赵鞅，当时晋公室弱，六卿强。周敬王二十年（前500年），赵鞅得病，五日不省人事，众大夫害怕。请来扁鹊诊病。扁鹊说：从前秦穆公也得过这病，昏睡七日醒来，说见到先帝，先帝告之于命。现在赵鞅之病相同，不出三日必醒来，醒来之后必有话告你们。过了两日半，赵鞅果然醒来。说："住在帝王处真快活，先帝命我射熊、罴，又赏赐我二笥，我看见儿子躺在先帝一侧，先帝又赏给我一翟犬。"左右告诉

神医画像石，山东曲阜孔庙藏东汉画像石。图中三人跪坐，面向神医。神医人面人手，山鹊身躯，当是扁鹊的神话形象。神医右手似在为病人按脉。

赵鞅扁鹊预言，赵鞅惊叹，赏扁鹊良田4万亩。

扁鹊经过齐国，齐桓侯款待他。扁鹊说："您有疾病在腠理，不及时医治将加深。"桓侯不相信，认为扁鹊想居功。过了五日，扁鹊又见桓侯，说："您的病已经进到血脉。"桓侯还是不信。又过了五日，见了桓侯，说："病情已深入肠胃。"桓侯不答理。又过了五日，扁鹊望见桓侯后就退走。桓侯奇怪，派人询问，扁鹊说："当病还在腠理，汤熨可治好；到了血脉，针石之法可治好；入到肠胃，酒醪可治好。深入到骨髓，则无可奈何。现在桓侯的病已到了骨髓，我也无计可施。"又过五日，桓侯发病，派人寻找扁鹊，扁鹊已不知去向。桓侯于是不治而死。

扁鹊医术高明，名闻天下。能医妇科、耳目鼻科、小儿科等等。秦国太医令李醯自知医术不够扁鹊高明，妒忌扁鹊，就指派人把扁鹊杀害了。

春秋医学是中国医学的发生期，我们现在所能见到的有关那个时代的医学材料不多，而且分散。《左传》记载秦国医生医缓说晋侯的病在"肓之上，膏之下"，似乎认为疾病是从外向里发展的。它还记载医和的疾病理论（天有六气，阴、阳、风、雨、晦、明，在四时、五节中循环，分别生成寒、热、末、腹、成、心六种疾病）。扁鹊则是中国方剂学鼻祖。扁鹊是中国最早的名医，已成为医生的代名词，他的出现，代表了中国医学的兴起。

赵过创代田法与耦犁

征和四年（前89年）六月，汉武帝任赵过为搜粟都尉。赵过是著名农学家，他创造了新的耕作技术代田法与耦犁。

所谓代田法，耕作时把每亩土地犁成三条深、宽各一尺的圳（同畎，田间小沟）。圳旁是垄，也是一尺宽。圳垄相间。一亩定制宽六尺，正好可容纳三垄三圳。犁田时挖出的土堆到垄上，谷物种子播在圳底，使它不受风吹，可以保墒；幼苗长在圳中，也能得到和保持水分，使生长健壮。在谷物生长过

赵过像

程中，每次锄草时逐渐将垄土同草一起锄入圳中，培于苗根。到了夏天，垄上土培光用完，圳垄相齐。这样就使谷物扎根深，易于吸收营养和水分，耐旱抗风，不易倒伏。为了恢复地力，同一地块的圳垄位置隔年替换，所以称作"代田法"。

赵过在推广代田法的过程中，命令属下开辟空地作试验田，用代田法耕种农作物，试验结果是用代田法耕种的土地比用常法耕种的土地每亩增产一至两石。后来代田法从关中平原推广到河东、弘农、西北边郡乃至居延之地，都收到了良好的增产效果。

当时耦耕用二牛三人耕作：一人牵二牛，一人掌犁辕，一人扶犁。赵过又发明了耦犁，犁铧较大，增加犁壁，可调节深浅，深耕和翻土、培垄一次进行，可耕出代田法要求的深一尺、宽一尺的犁沟。二牛三人每个耕作季节可翻耕五顷地。

代田法和耦犁的发明推广，大大促进了汉代农业生产的发展。据载，每亩可增产一斛到三斛。

中国最早的传统农书《氾胜之书》成

氾胜之像。《氾胜之书》是我国第一部由个人独立撰写的最早的农书，也是世界上最早的农学专著。

西汉成帝（前32年—前7年）时，著名的农书《氾胜之书》成书。

氾胜之，西汉山东人，生卒年不详。他在汉成帝时出任议郎，曾在包括整个关中平原的三辅地区推广农业，教导种植小麦。在总结农业生产经验的基础上，氾胜之写成了农书18篇，这就是《氾胜之书》。

《氾胜之书》，原名《氾胜之》，著录在《汉书·艺文志》中，《隋书·经籍志》始称为《氾胜之书》，以后沿用此名。原书约在北宋初期

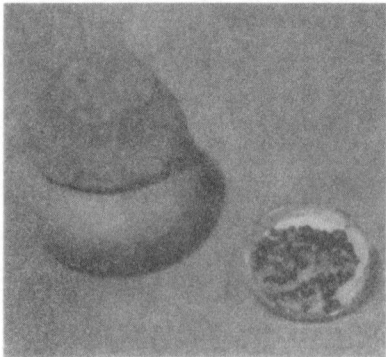

杂粮。中国是世界栽培植物的主要起源地之一。图为甘肃敦煌马圈湾出土的汉代豌豆、青稞、大麦等。

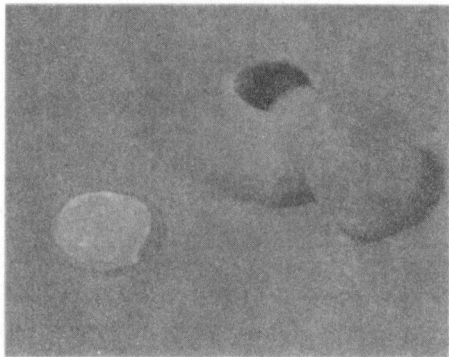

粟。粟，古代称禾、谷或谷子。其籽实称小米。粟的种植历史悠久，它是从狗尾草一类野生植物驯化而来的。图为河南洛阳出土的西汉时的粟子。

亡佚，现存的《氾胜之书》是从《齐民要术》等一些古书中摘录的原文辑集而成，约3500字。内容有耕田总原则、耕作的具体方法如溲种法、穗选法、区田法等，以及禾、黍、麦、稻、稗、大豆、小豆、枲（纤维用大麻）、麻（子实用大麻）、瓜、瓠（葫芦）、芋、桑等13种作物的栽培技术。其中在耕田总原则中，针对关中地区春旱多风的情况，首次提出"凡耕之本，在于趣时、和土、务粪泽、早锄早获"，这是迄今仍在沿用的耕作原则。溲种法，是将兽骨骨汁加粪调糊成稠粥状，用以淘洗种子然后播种。氾胜之认为溲种可以防虫、抗旱、施肥，保证丰收。实验证明确实如此。区田法，又称区种法，其基本原理是不必平整土地，只要"深挖作区"（区：凹的意思，义同窝），在区内集中作用人力物力，加强管理，合理密植，保证充分供应作物生产所必需的肥、水条件，发挥作物最大的生产能力，提高单位面积产量，同时扩

大豆，原产中国，古称菽，我国古代五谷之一。

大耕地面积，把耕地扩展到不易开垦的山丘坡地。

《氾胜之书》是现存最早的一部农书。它总结了北方旱作农业技术，对传统农学产生了深远影响。《齐民要术》直接引用前人的著述，以《氾胜之书》为最多。该书所记载的一些农业技术，也为后来的农书所继承和发展，现代山西、陕西、山东等地耕种所采用的"掏钵种"或"窝种"，其原理与区田法是一致的。

该书列举了十几种作物具体的栽培方法，奠定了中国传统农学作物栽培总论和各论的基础，而且其写作体例也成了中国传统性农书的重要范本。

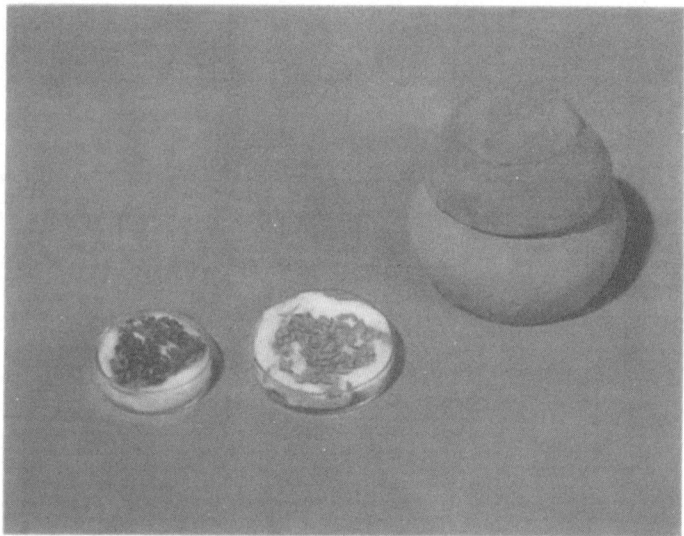

水稻。图为安徽含山大成墩出土的新石器时代炭化稻谷（左）和长沙马王堆汉墓出土的西汉水稻。

氾胜之推行区田法

西汉时期，牛耕更加普遍，铁农具进一步推广，水利工程大量兴建，大大促进农业生产的发展，农业耕作技术也有所提高。

拾粪画像砖

西汉后期，氾胜之在田川种法和代田法基础上，又总结出一种新的园田化的耕作方法——区田法。成帝时得以推广。其具体做法：一是开沟点播，将大块土地分成许多小区，再在每小块地上开深沟，作物即点播在沟内。二是坑穴点播，在土地上按等距离挖方块或圆形的坑，坑的大小、深浅、方圆、距离随作物不同而异，作物即点播在坑内。种植禾、黍、麦、大豆、胡麻等，用开沟点播；种植粟、麦、大豆、瓜、芋等

《耕织图》中的施肥情景

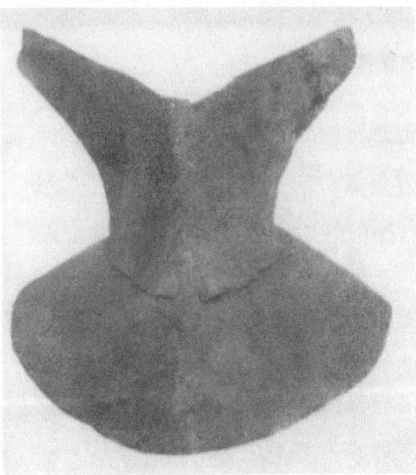
双侧铧土。西汉铁制耕犁翻土器。

用坑穴点播。区田法还须点播密植；在播种前要用肥料和可防虫的物质处理种子，叫"溲种"；播种后要注意中耕除草、保墒和灌溉。区田法由于集中使用水肥，精耕细作，大大提高了单位面积粮食产量，而且，它既可适用于平地和熟田，又可在坡地和荒地上实施，有利于扩大土地利用范围。

杜诗发明水排兴利南阳

东汉光武帝刘秀在位期间，注意"选用良吏"。建武七年（31年），杜诗出任南阳太守。他提倡节俭，兴利除害，为政清平。

水排模型。

当时，驻守南阳的将军萧广放纵士兵，士兵在民间横行霸道，当地百姓深受其害。杜诗多次警告而无效，于是，他采取果断措施，杀掉萧广。这件事深得刘秀的赏识。

杜诗在做南阳太守期间，注意节省民力。为了提高冶金技术，他发明了水排（一种水力鼓风机）。水排应用水力击动机械轮轴打动鼓风囊，使皮囊不断伸缩，给冶金高炉加氧。这种装置，用力少，见功多，是我国冶金史上的一大改革。三国时期的韩暨曾对其加以改进推广，效率三倍于前。

杜诗发明水排，一改中国冶炼鼓风装置靠人力和畜力为动力的历史，不仅大大提高了劳动效率，而且比欧洲早了1100年，在中国古代冶炼工艺发展史上具有里程碑的意义。

杜诗同时也重视农业生产，修治陂池，广拓土田，使郡内民户殷实富足。当时人们就将杜诗与西汉南阳太守召信君相提并论，民间盛传："前有召父，后有杜母。"

许慎编著《说文解字》

在汉武帝以后，经过古、今文经学家的百年之久的长期纷争，思想和学术取得了长足的进步，对语言文字的学术思想进行总结的条件基本成熟，具有划时代意义的字典《说文解字》应运而生了。这是中国第一部由个人独立编纂完成的字书，是一部集大成的杰作。

《说文解字》成书于东汉和帝永元十二年（100年），全书正文14卷，后序1卷共15卷，收字9353个，另有重文1163个，此书完

许慎像

全改变了周秦时代训诂词典的方法，开创了系统全面解释字的形、音、义的新体例，构成了严整的字典编纂格局，所释字以小篆为主体分析字形结构，根据不同偏旁，分列为514部，始一终亥，部与部的排列顺序以部首的笔画和形体结构近似为准则。

《说文解字》在总结了前人文字研究的所有成果以后，在语言文字观念上有了重大突破。首先，它认为文字是随着时代的进步而不断发展的，文字先是由象形的"文"发展到合体的"字"，字体也不断增多，而且他认识到我国汉字发展史上的三次关键性转折，一是战国时期诸侯割据使文字形体产生很大差异，二是秦统一以后，小篆作为统一文字的推行，而隶文的产生是中国文字的一次根本性转变，在这些转变中，国家政权的强制力起到了决定性作用。其次，认为文字是文字使用者用于观察、认识社会的工具，是超越时空的、记录和传播信息的媒体。对文字功用的本质认识得相当深刻，许慎是中国历史上第一位从理论上阐释文字的社会功用的人。最后，在文字构成理论上，继承并

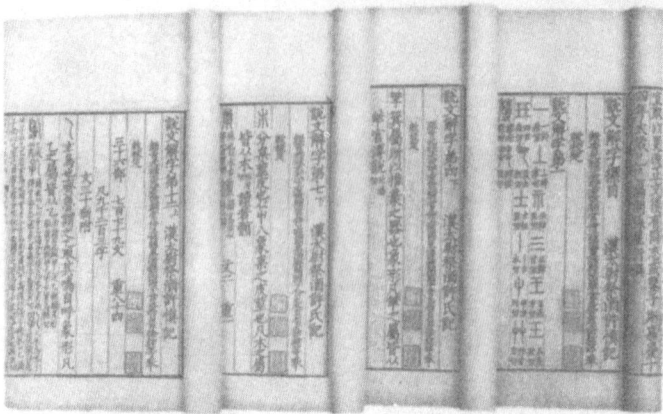

《说文解字》。中国最早的一部古文字字典，简称《说文》，东汉许慎著。

改造了"六书"理论，对其确切界定并给出具有代表性的例证。还用于分析具体的字，这样用"六书"理论大规模分析古文字，许慎乃是首创。在这些先进的文字学观念指导下，许慎编纂了我国第一部系统分析字形、解说字义、辩证声读的字典——《说文解字》，开创了我国文字学和字典学的独立研究阶段。

许慎科学而有条理地分析、阐述了汉字的产生和发展，文字的功用，汉字的构造等，在实践和理论上都达到了前所未有的高度。书中所收的字覆盖面相当广泛，包括了经书（特别是古文经）中的常见字，包括篆文，古文，籀文，或体，俗体，既有先秦的字，也有汉代新产生的字，为后代考查汉字发展的历史提供了极宝贵的材料，近代识别甲骨文、金文，多依赖于这部工具书。

《说文解字》释义，采用因形说义和选取书传中的古训等多种方式，虽为字书，实际上也是一部极其重要的训诂书，后代字书都援引它的训释，编排体例也被许多字典所继承，因而，它在中国字典学史上的开创之功是不可磨灭的。

蔡伦造纸

东汉元兴元年（105 年），蔡伦在前人造纸术的基础上，改革和推广了造纸技术。新的造纸术使旧的不便书写的麻纸变成了至今大致结构没有改变的良纸工艺。

在蔡伦造纸术出现之前，在中国，商代用甲骨，西周用青铜器，春秋时用竹简、木牍、缣帛作为记事材料。汉代，农业发达，经济繁荣，国力强盛，文化事业蓬勃发展。笨重的竹简和昂贵的缣帛已不能满足人们的需求，寻求新的书写材料已成为时势所趋，造纸术就因此应运而生。

据20世纪中叶以来在新疆、陕西、甘肃等地出土的麻质古纸，专家确认西汉麻纸的片状纤维物，说明造纸术可能出现在蔡伦之前，而且可能与人们对纺织用麻的处理过程有关。但这些西汉麻质古纸上都没有发现可以辨识的书写文字，加上对化验分析结果解释不同，对西汉是否已出现了造纸术学术界尚有很大争议。因此《后汉书·蔡伦传》对蔡伦发明造纸术的记载，是迄今为止有时间和人物的准确记载造纸术的最早记录，广为人们承认。

蔡伦（62年—121年），字敬仲，桂阳（今湖南郴州）人，明帝永平十八年（75年）入宫为宦。章帝章和元年（87年）任尚方令，掌管宫廷手工作坊。和帝元兴元年（105年）发明造纸术。安帝元初元年（114年）封龙亭侯。安帝建光元年（121年）去世，葬在封地。

《后汉书·蔡伦传》记载：蔡伦造纸之前，书写记事的纸实际上是丝织物

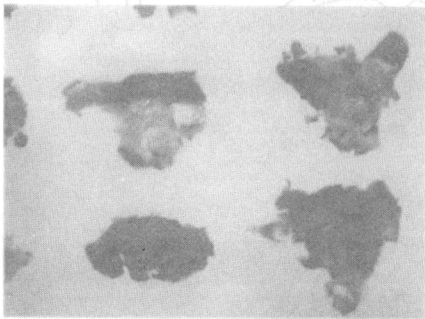

灞桥纸。西安东郊灞桥出土的西汉初期古纸。

造纸生产过程示意图

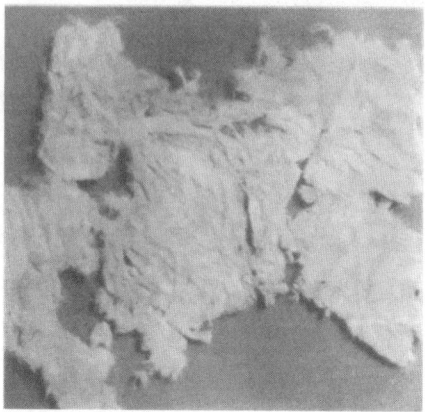

敦煌西汉马圈湾纸

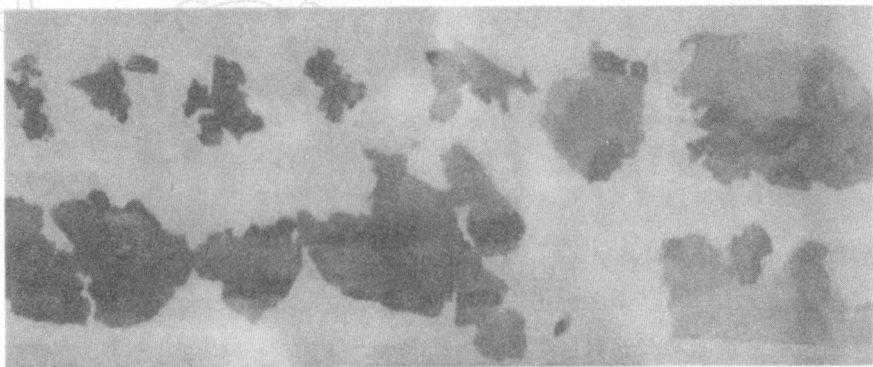

旱滩坡带字纸。甘肃武威旱滩坡出土的东汉带字纸。

蔡伦像

（缣帛），蔡伦用树皮、麻头、破布、渔网，经过挫、捣、抄、烘等一系列的工艺加工，制造植物纤维纸，一种至今大致结构没有改变的良纸，也是真正意义上的纸。105年，蔡伦向汉和帝献纸，受到和帝赞誉。造纸术于是广为天下所知，蔡伦造的纸被称为"蔡侯纸"，105年则被普遍认为是造纸术的发明年代。

蔡伦对造纸术的改革和推广，使纸的使用在东汉后日渐多起来。从考古发掘出的东汉古纸看，已有不少带有书写字体，而且质量明显提高。这些东汉古纸，或是诗抄，或是书信，或是书札的残部，都是东汉末年的产物，准确的应属永初四年（110年）前后。科学家对1974年甘肃武威旱滩坡的东汉晚期墓出土的留有字迹的古纸进行了细致的科学分析，发现古纸已具有一定的强度和柔性，厚度与现代机制原稿纸相当，原料为大麻等麻类纤维，纤维交结细匀紧密，且有单面涂布加工，说明当时的造纸工序已相当精细，造纸技术已达到一定水平。

东汉时，纸的使用有许多书稿文献都有记载。如《后汉书·邓皇后纪》中所说的贡纸和《后汉书·百官志》中所说的宫廷内专管纸墨的少府守宫令和尚书令右丞，说明纸在宫廷内已广为使用。而《后汉书·延笃列传》所载的牍记纸和书写纸及《北堂书抄》中所载的信纸，则说明一般官吏和士人也有使用纸来书写的了。

造纸术的发明是中国古代最伟大的发明之一，也是人类文明史上一项最杰出的成就。纸的出现，是人类文明的基础，它作为一种新的信息载体在中国率先出现，使中国汉代的文明勃兴超过了其它的文明。8世纪左右，阿拉伯人才开始用中国的技术和设备造纸。

纸的出现和推广，使汉以后的文化生活出现了崭新的面貌，纸的质量越来越好。汉中平二年（185年），山东造纸能手左伯（字子邑）造出"左伯纸"，史称"子邑之纸，妍妙辉光"。2~5世纪，左伯纸、张芝笔和韦诞墨曾是文人墨士喜爱的文房用品。但纵观汉代的书写材料占主要地位的仍是简牍和缣帛。直到晋以后，经济发展，造纸术流传到长江流域和江南一带，造纸材料丰富，才出现了较多较好的纸。晋代盛行的读书、抄书和藏书之风都得益于纸的普及和推广。抄经热、藏书热和因传抄左思《三都赋》而出现的洛阳纸贵，都是纸普及后出现的前所未有的景观。

张衡发明制造漏水转浑天仪

东汉时期，中国出现了一位多才多艺的科学家张衡，他在天文学和地学方面的理论和实践活动，使他享有盛誉，他发明闻名于世的候风地动仪，是世界地震测报史上的重要里程碑，而根据他的浑天说理论发明和制造的漏水转浑天仪，又使他成为我国水运仪象传统的始祖。

张衡（78年—139年），字平子，南阳西鄂（今河南南阳石桥镇）人，是我国东汉时期著名天文学家、政治家、文学家和画家，浑天说的代表人物。汉和帝永元十二年（100年），他任南阳太守鲍德的主簿，创作的《东京赋》和《西京赋》，广为流传。后又用了3年时间钻研哲学、数学、天文，永初五年（111年），出任郎中和尚书侍郎，元初二年（115年）起，曾两度担任太史令，前后历14年。其在天文学史上的成就尤为引人注目。

张衡之水运浑天仪系将计时之漏壶与浑仪相结合，即以漏水为原动力，并引用漏壶之等时性，通过齿轮系统的传动，演示天体运行情形。

浑天说是张衡宇宙结构理论，《张衡浑仪注》是这方面的理论著作。他认为天好像一个鸡蛋壳，地好像是蛋黄，天大地小，天地各乘气而立，载水而浮。为了演示这一理论学说，张衡以西汉耿寿昌的发明为基础，于117年，发明并制造了漏水转浑天仪。这台仪器用精铜铸造而成，是一个直径4尺多（约1.5米）的球，代表天球，可绕天轴转动，上刻二十八宿，中外星官以及黄道、赤道、南极、北极、二十四节气、恒显圈、恒隐圈等。为了使浑象自行运转，他利用齿轮系统将浑象与漏壶联系起来，用漏壶滴出的水作为动力启动齿轮，带动浑象绕轴转动。通过选择适当的齿轮个数和齿数，使浑象一昼夜和地球自转速度完全相等，以演示星空的周日视运动，如恒星的出没和中天等。通过对它的监测，人们可以知道日月星辰和节气的变化。它还有一个附属机构叫做"瑞轮蓂"，是一种机械日历。它有传动装置和浑象相连，从每月初一开始，每天生一叶片，月半后，每天落一叶片，用于显示阴历的日期和月亮的圆缺变化。

　　漏水转浑天仪用的是两级漏壶，是现今所知最早的关于两级漏壶的记载。它的受水壶也是两个，壶盖上各有一个金仙人，左手抱壶，右手指刻，一个指示白天的时间，一个指示夜间的时间。

　　张衡的天文学成就的取得，与他精确细致的天象观测有直接的关系，他所统计的在中原地区能观测到的星数约2500颗，且基本掌握了月食的原理，对太阳和月亮的角直径的测算相当准确。

这些成就的取得，无论在天文学史上还是在思想发展史上都有相当重要的意义，他极力反对谶纬神学与历法的附会并被列为太学考试的内容，在迷信之说面前表现了大无畏精神。

天象观测是中国古代天文学取得辉煌成就的重要领域，张衡发明的漏水转浑天仪成就是观测仪器发明制造的杰出代表，其功能、设计制作的复杂和精确程度均是世界上罕见的，是世界上见诸记载的第一架水力发动的天文仪器，对后代影响极为深远。

张衡发明候风地动仪测地震方位

顺帝阳嘉元年（132 年），东汉著名科学家张衡发明制造了候风地动仪。这是世界上第一架可测地震方位的仪器，它是利用倒立惯性震摆的原理制成的，其基本构造符合物理学原理，能探测到地震波的首先主冲方向，是现代地震仪的先驱，也是当时世界上遥遥领先的发明。在国外，过了 1000 多年，直到 13 世纪，在波斯马拉哈天文台才有类似仪器出现。到 18 世纪，欧洲才出现利用水银溢流来记录地震的仪器。

据《后汉书·张衡传》所记载，该仪器是青铜铸造，整体造型宛若汉代的酒樽。仪体圆形鼓腹，直径八尺（汉建初尺，1 尺 =0.2368 米），下附圈足，上面

张衡像

有可以启闭的圆盖，通高约一丈一尺五寸。在仪器体外按八方附设八条垂龙，龙口各衔一铜丸，地上并设八只向上张口铜蟾蜍，与龙头一一对应。龙头下部仪器表面雕刻四灵图案，八龙方位下书刻卦文。圈足的上部刻有山阜之形。

地动仪内部结构精巧。仪器内底部中央，立有一根"都柱"，即倒立惯性

震摆（相当于现代地震仪的重锤），围绕都柱设有八组与仪体相连接的杠杆机械即"八道"，"八道"与仪器外面设置的八条垂龙龙头上颌接合，代表着东、西、南、北、东南、东北、西北、西南八个方位。遇有地震，震波传来，"都柱"偏侧触动龙头的杠杆，使该方位的龙嘴张开，铜球落入蟾蜍口中，发出声响，用以报警，即谓"一龙发机，而匕首不动。寻其方向，乃知震之所在"。

张衡设计的地动仪，是唯物主义自然学说的体现。仪体似酒樽（卵形），直径和浑象一样大，象征浑天说的天；立有都柱的平底，表示大地，笼罩在天内；仪体表面雕刻的四灵图案象征二十八宿，所刻卦文为乾、坎、艮、震、巽、离、坤、兑，表示八方之气；八龙在上象征阳，蟾蜍居下象征阴，构成阴阳上下的动静的辩证关系；都柱象征天柱，居于顶天立地的地位。

科学家张衡阳嘉元年（132年）发明的候风地动仪

候风地动仪的灵敏度很高，最低可测地震烈度为3度左右（据12度地震烈度表）的地震。据记载，候风地动仪制成以后安置在洛阳。永和三年（138年），距洛阳约700公里的陇西发生了一次6级以上的地震，当时洛阳没有震感，而候风地动仪做出了反应。此次陇西地震的实测成功，开创了人类使用科学仪器观测地震的历史。

约在4世纪初，候风地动仪在动乱中失落。近百年来，由于地震学的发展，张衡的这项发明引起了地震学界的重视和研究，日本和英国的科学家都曾先后进行过研究。中国的王振铎经过对历史资料的整理和研究，并总结了一些地震学家的研究成果，于1959年将张衡的候风地动仪重新复原，陈列在中国历史博物馆内。

《周易参同契》集炼丹术精华

　　《周易参同契》是中国东汉后期著名炼丹家魏伯阳（约100年—约170年）等人在炼丹术方面的著作。该书正文共6000字左右，用《周易》中的卦和道家哲学作为炼丹的理论基础。它是世界炼丹史上最古的理论性著作，对后代炼丹术产生了巨大的影响。

　　中国炼丹术分为内丹术（呼吸内功等）和外丹术（实验室药物反应化学）。《周易参同契》中内、外丹内容并存，集炼丹术精华，为我们今天研究古代化学和医学提供了

东汉式盘

资料。其中除了总结性的理论外，以外丹为主，内丹为辅。

　　书中提到的炼丹药物有铅、汞、丹砂（即硫化汞）、胆矾、云母、矾石、硇砂（即氯化铵）、磁石、铜、金、胡粉（即碱式碳酸铅）等，并总结了一些元素和化合物的性质、制法、反应、原料配比、操作过程等知识，提出了物质发生化学变化要依一定比例的粗略概念，即"分剂参差，失其纪纲"。

　　书中叙述最详的是制"还丹"的过程，即三变：第一变是将15两铅和6两水银放在反应器中，用炭火加热，得到铅汞齐；第二变则在放置中进行，随岁月的流逝，铅汞齐失去部分汞，崩解而成细粉状的"明窗尘"；第三变是将"明窗尘"进一步研磨和混合，然后放入密封的耐高温的鼎器加热。开始较缓和，最后施以强热，以熊熊火陷包围鼎器。并且要昼夜值班不懈，注意调节温度，以免发生意外。这样，经适当时间，便可得到紫色的氧化汞和氧化铅的混和物——"还丹"。这实际是一升华过程，书中还有一记述升华装置的"鼎器歌"，说明当时的炼丹术已使用升华方法。

《乾象历》造成

《乾象历》为东汉灵帝光和年间刘洪创制。这是第一部传世的引进月行迟疾的历法。乾象历第一次把回归年的尾数降到 1/4 以下，成为 365.2462 日，并且确定了黄白交角和月球在一个近地月内每日实行度数，使朔望和日月食的计算都前进了一大步。它所测定的五星会合周期也比当时施行的四分历准确。可惜，这样一部具有划时代意义的优秀历法，却未被东汉中央政府所接受。

张仲景著《伤寒论》

张仲景（2~3 世纪），即张机，汉代医学家，南阳郡涅阳（今河南南阳）人，年少时跟随同郡张伯祖学医，曾任长沙太守。东汉末年，瘟疫流行，张氏宗族的 200 多人在不到 10 年时间就死去 2/3，其中大部分死于伤寒发热。张仲景悲愤之余，发愤读书，刻苦钻研《内经》《阴阳大论》等古典医药书籍，总结东汉以前众多医家和自身的临床经验，于东汉末年撰成了《伤寒杂病论》这部

张仲景像

划时代的临床医学巨著。《伤寒论》即是《伤寒杂病论》的组成部分之一。

《伤寒论》共 10 卷，是一部以论述伤寒热病为主的奠基性中医临床经典著作。张仲景在《伤寒论》中，对其发病的因素、临床症状、治疗过程及愈后等问题，进行了综合分析，创造性地提出了六经辨证的学说，即按热性病

发病初、中、末期不同的临床表现和不同治疗的反应与结果，分为辨太阳病、辨阳明病、辨少阳病、辨太阴病、辨少阴病、辨厥阴病脉证并治，以及"平脉法"、"辨脉法"、"伤寒例"、辨痓湿暍、辨霍乱病、辨阴阳易差后劳复脉证并治。

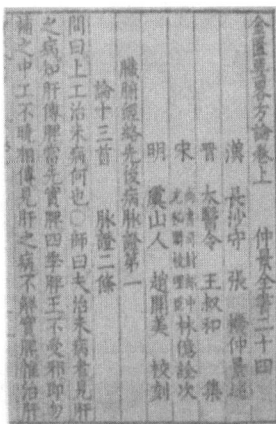
《金匮要略》书影。明万历年间虞山赵开美校刻本。

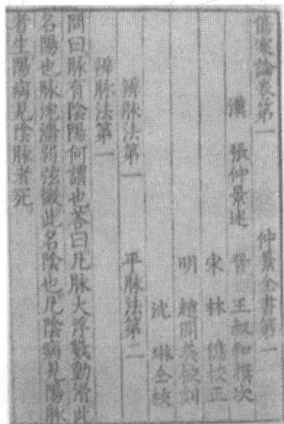
《伤寒论》书影。张仲景著《伤寒杂病论》，被后人整理成《伤寒论》和《金匮要略》两书行世。

在诊断上，张仲景"勤求古训，博采众云"，采用"望、闻、问、切'四诊'"和"阴、阳、表、里、虚、实、寒、热'八纲'"对伤寒各种证型、各阶段的辨脉、审证大法和用药规律用条文的形式作了比较全面的说明和分析。这种辨证思路、方法和治疗法则，就是人们常说的"辨证论治"，成为后世治疗

张仲景墓。在河南南阳张仲景故乡。

过程中必须遵循的诊治原则，体现了中医学所具有的独特而完整的医疗体系。

全书以六经辨证为纲，方剂辨证为法。按汗、吐、下、和、温、清、补、消"八法"，结合《内经》有关正治、反治、异病同治、同病异治的各种治疗法则，包括了397法、113方。其中方剂有柴胡汤、桂枝汤、理中丸、麻黄汤等，并说明了各方剂药物的组成、用法及主治病证。这些方剂经过验证，效果显著，为中医方剂治疗提供了变化、发展的基础。

《伤寒论》虽主要论述伤寒证治，但贯穿书中的"辨证论治"思想及六经大法，对于各科临床诊治均有指导意义。

原书《伤寒杂病论》撰成后，因战乱散佚，后经晋代王叔和整理，北宋治平二年（1065年）再经校正书局校订，编纂成当时《伤寒论》的通行本。

自宋以来，注释和研究《伤寒论》的著作不胜枚举（600种左右）。而外国对张仲景的研究也很深入，论著颇多。张仲景的方剂被推为"经方"，称之为"众方之祖"。张仲景也被尊为"医圣"。

华佗创五禽戏

五禽戏——虎。摹仿动物的动作以养生健身，是中医导引术的基本内容，早在战国时期仿生导引已盛行。东汉华佗在前人的基础上编"五禽戏"，模仿虎、熊、鹿、猿、鸟五种动物的行为来锻炼身体。图为《内外功图说辑要》中的五禽戏虎。

五禽戏，也叫五禽气功、五禽操、百步汗戏，是东汉华佗在运动实践中创编的成套导行健身术。因模仿虎、鹿、熊、猿、鸟5种禽兽的神态和动作而得名。

华佗（约141年—208年）又名敷，字元化，沛国谯（今安徽亳县）人，是汉末著名医学家、养生家，外科技术尤为精湛，首次把全麻醉剂（酒服麻沸散）应用于外科手术，大大推进了外科手术的发展。他还根据人体的生理和某些医理，在继承前人导引理论和实践的基础上，阐明了运动对于健康的重要性和导引在养生方面的作用，创编五禽戏。

中国人很早就有人知道仿效鸟兽动作能舒筋活络，健身治病。长沙马王堆出土的西汉墓葬帛画中的"导引图"上就有一些模仿动物形态和姿势的动作。我国最早的医书《内经》和先秦《庄子》中，也有

五禽戏——熊

五禽戏——鹿

五禽戏——猿

五禽戏——鸟

关于"熊经鸟伸"的记载。可见模仿动物动作操练以强身治病由来久远。而东汉华佗将前人的理论和实践加以总结，创编了这套保健医疗体操，并提出了预防疾病为主的理论。在中国运动史、气功史上有极重要的意义。

在汉代，尤其是汉武帝时期，作为帝王的汉武帝竭力追求长生不老，一时方术大盛，华佗走的却是与一般道士不同的道路，他认识到运动对人体健康具有重要的作用，体育锻炼才是延年益寿的科学方法。史籍所载，华佗的弟子吴普坚持操练五禽戏，九十多岁时仍耳目聪明，牙齿完好无损，而且身体有病时，可以依赖操练五禽戏而治愈。

华佗所创五禽戏的具体动作早已失传，六朝陶弘景《养生延命录》中所辑《五禽戏诀》可能与原来的动作差距不大。

五禽戏五种类型动作的作用各不相同，一般说，虎势能使身体强健，加强肌腱、骨骼、腰髋关节功能；鹿势能引伸筋脉，益腰肾，增进行走能力；猿势能使脑筋灵活，记忆增强，发展灵敏性，开阔心胸；熊势能增强脾胃功能，增强力量；鹤势能加强肺呼吸功能，提高平衡能力。练五禽戏不仅要求形似，而且要求神似，要做到心静体松，动静相兼，刚柔并济，以意引气，气贯全身，以气养神，精足气通，气足生精。五禽戏以中医理论为基础，以人的生理特征为依据，运用五行、脏象、气血、经络等学说来解释它的作用。练五禽戏时要求守住意，运好气，集中精力，尽快入静，呼吸缓慢柔和、深长均匀、轻松自然，运动时劲蓄不露，做到"气行则血行"，每次练习应力求出汗，以促进新陈代谢，活血化瘀，去邪扶正；全过程要贯穿单腿负重、步分虚实、躬身前进，还要注意神态模仿逼真，如模仿虎的威猛、鹿的回首、猿的灵敏、熊的浑厚、鹤的翘立等。

五禽戏的出现，很大程度上推动了后世导引养生术的发展，同时对后来一些象形拳的创编提供了一些有益的启示，因而对我国的运动史、气功史产生了极深远的影响。

马钧作指南车

魏青龙三年（235年）八月，马钧受魏明帝曹睿之诏制作指南车。他利用差动齿轮机械构造原理，在双轮单辕车上立一木人，车刚刚起动时，使木人手指南方，由于齿轮作用，不论车行的方向怎样改变，木人始终手指南方。

马钧，字德衡，扶风（今陕西兴平）人，是我国古代科技史上最负盛名

魏指南车模型

的机械发明家之一。马钧年幼时家境贫寒，自己又有口吃的毛病，所以不善言谈却精于巧思，后来在魏国担任给事中的官职。

指南车作成后，他又奉诏改制木偶百戏。他用大木雕构为轮，放在平地上，下面通过流水驱动木轮旋转，上设女乐、杂技、百官行署等，木轮转动后，木偶便活动自如，按照设计表演出各种动作，时人称为"水转百戏"。

接着马钧又改进了织绫机。原来的织绫机为50综50蹑或60综60蹑，经他重新设计，把两种机械都改为12综12蹑，提高工效四五倍。

马钧还研制了用于农业灌溉的工具龙骨水车（翻车），轻便灵巧，儿童也能操作，可连续提水灌溉，功效较过去提高百倍。这种水车在我国沿用了

1000多年，是水泵发明之前世界上最先进的提水机械。

此后马钧还改制了诸葛亮所造的连弩，使之增加五倍效率，又研制出转轮式连续抛石机，作为攻城器具。

马钧奇思绝世，被时人称为"天下之名巧"。他的一系列发明创造，为当时社会生产力的发展和技术进步作出了贡献。

反切发明

三国时代，玄学大师郑玄的弟子孙炎发明反切。《颜氏家训·音辞篇》说："孙叔炎创《尔雅音义》，是汉末人独知反语。"反切注音法的发明在我国音韵史上有着重要地位，它标志着汉语声韵结构的发现，也为韵书的产生奠定了基础。

反切，是中国传统的一种注音方法，它用两个汉字合起来注明另一个汉字的读音。例如"侯，户钩切"，就是用户钩两个字切拼出侯字的读音。其中"侯"叫被切字，"户"叫反切上字，"钩"叫反切下字。反切的基本原则就是上字的声母与被切字的声母相同，下字的韵母及声调与被切字的韵母及声调相同。简言之，就是反切上字只取其声，下字只取其韵和调。如上面所举的"侯，户钩切"，户（Hu）字的声母（H）与侯（Hou）字的声母相同，钩（gou）字的韵母（ou）和声调与侯字的韵母及声调相同（这两字的声调在古代时同是平声，后代才有阴、阳之分）。

反切在宋代以前，一般多叫做"反"，唐时又称为"翻"，到宋代，基本上都叫做切，后代合称为反切。

三国彩绘单子对棍图漆盘

中古时代的反切，要求上下字与被切字同是洪音或细音。

反切的运用意味着把一个汉字，也就是汉语的一个音节分成了声母和韵母（包括声调）两部分，这显然是以汉语音节内部声韵结构的发现为条件的。汉字属于表意文字，它的构字原则是据义构形，字形本身不能直接表现语音结构。因此中国古代的语言研究最先是意义和形体的研究，语音研究则起步较晚。直到东汉末年，语音方面还主要用譬况、读若、直音等方式注音。这说明注音方式在当时多数不是单纯注音，同时还有明假借的作用，而且直音注音法中被注字和注音用字都是代表一个完整的音节，这说明当时还不能分析汉语音节的内部结构。然而，汉语音节内部存在着声韵结构，这是汉语语音的固有特点，而这一特点的发现则是在佛教传入中国后，在梵文拼音原理的启发下完成的。由于当时学者对于梵文用一定量的字母相互拼合成字的拼音原理有了认识，因而对汉语的音节研究也指向了它的内部声韵结构，并据此创造了反切注音法。

刘徽注《九章算术》

魏景元四年（263年），魏数学家刘徽注《九章算术》，于本年成书。

《九章算术》是一部成书于汉代的数学经典著作。书中系统总结了先秦至东汉初年的数学成就，其中包括平面面积、粮食交易等9类问题的解法，是我国古代《算经十书》的第一部书，但内容过于简略。刘徽为弥补这一不足，为其做了注解，写成《九章算术注》9卷。

刘徽像

刘徽在《九章算术注》中，最早提出与使用了小数概念，对割圆术计算圆周率、开方不尽、楔形体积求解等问题提出了很多重要的创见。尤其是用割圆术计算圆周率的想法，是世界数学史上最早将初

步极限的概念用于解决算学问题的例子。

为了推导圆面积的计算公式并推求较精确的圆周率之值，刘徽在圆内作内接正六边形，然后平分每边所对的圆弧，再作圆内接正 12 边形，再平分作 24 边形，无限分割下去，"割之弥细，所失弥少。割之又割，以至于不可割，则与圆合体，而无所失矣"。在这里，他创造性地运用了极限思想。用这种方法计算圆周率是十分科学的，它奠定了此后一千多年中国圆周率计算在世界上的领先地位。祖冲之将圆周率推算到小数点后第七位，正是应用的这种方法。

刘徽注《九章算术》（宋刻本）

在解决锥体体积时，他也用无限分割的方法，这就是著名的刘徽原理：将一个堑堵（用一平面沿长方体相对两棱切割得到的楔形立体）分解为一个阳马（直角四棱锥）和一个鳖臑（四面均为直角三角形的四面体），那么这个阳马的体积永远是鳖臑体积的两倍。用公式表述：阳马体积∶鳖臑体积 = 2∶1。在以上几种基本几何体体积计算的基础上，刘徽又将其拓展到推导圆形立体的体积算法，提出了一种截割原理。在作外切正四棱台、正四棱锥的前提下，依据截面面积提出：

圆台体积∶外切正四棱台体积 = π∶4，圆锥体积∶外切正四棱锥体积 = π∶4，圆锥侧面积∶外切正四棱锥侧面积 = π∶4，进而论及圆与其外切正方形面积之比为圆面积∶外切正方形面积 = π∶4，他所利用的原理是"若两立体等高处截面面积之比为一常数，则其体积之比也等于同一常数"。这样，刘徽进一步提出了关于解决球体积的设想，他设计了一个牟合方盖，认为内切球体积与牟合方盖的体积之比也是 π∶4。这是解决球体积公式的正确途径，但他未能求出牟合方盖的体积。果然，200 年后，祖冲之父子推证出了球体积的算法，解决了这个问题，可见他的设想是卓有成效的。

刘徽在书中，还运用了"齐同术"、"今有术"、"图验法"、"棋验法"等多种计算方法，又利用平面图形的分割和重新组合，成功地证明了勾股定理、勾股弦以及它们的和、差的互相推求问题与开平方的方法步骤等。《九章算术

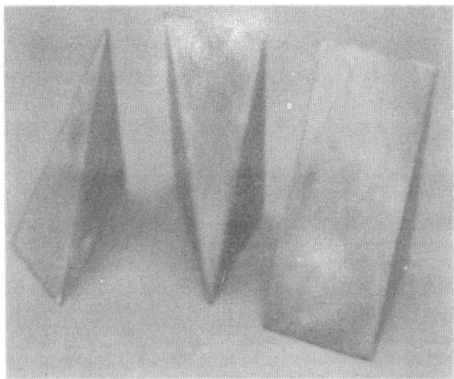

解决锥体体积时，刘徽原理所用的几何体：
鳖臑（左）、阳马（中）、堑堵（右）

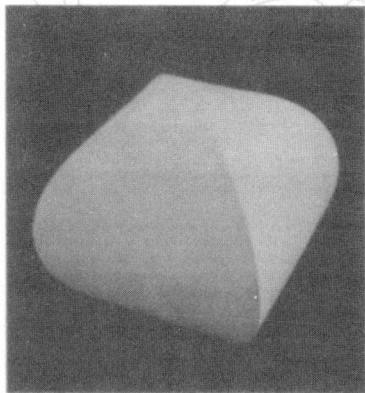

解决球体积时，刘徽所设计的牟合方盖。

注》如今已成为世界科学名著，被译成多种文字出版。刘徽还撰写有《重差》《九章重差图》各 1 卷，总结了汉代测算夏至日太阳离地面高度的方法。唐代初年，《九章重差图》失传，《重差》1 卷单行本被称为《海岛算经》，且是当时官立算学的重要教材。刘徽处在三国时代的魏国，正是战国文明异化期开始的时间和地点，他在数学上代表了异化倾向。使人难以相信的是异化期的各种不同的倾向和成果都集中于他一个人身上。

刘徽是个批判家，对《九章》派和后人对它的崇拜冷嘲热讽。他反对《九章》范式，注意概念的逻辑性，并在实际中定义概念并运用证明法，证明了初等几何（平面和立体）中的一些定理，并注重模型，因而他实际上走上了证明和理论的道路。他在世界上最早引进十进小数，并给各位以命名，发展了分数算术，提出了"齐同术"，证明了《九章》的最大公约数求法。他意识到联立方程组的方程数必须与未知数一样多，并改善了解法，完善了组合变换术。他建立了内接正多边形求圆的方法，破除了周三往一的观念，求得了 3.14 的"徽律"，并用类似方法求弓形面积，实质上使用了极限观念。他在前人工作的基础上完善了重差术，它在测量中的功用等于三角学。

刘徽的这些成就，特别是在几何、圆、三角及证明上面的工作使得战国文明出现了希腊式数学的基础，正如希腊晚期出现了战国式的代数基础一样。

赵爽证勾股定理

赵爽（约 223 年—280 年），字君卿，一名婴，是西晋著名数学家，他在数学方面的造诣特别深厚，幼时特别喜欢数学，成年后写了大量的有关数学方面的书籍，很出名的《周髀算经注》便出自他的笔下，《日高图说》和《勾股圆方图说》是赵爽所著的两本数学专著，这两本书现在还很好地保存着。

在《勾股圆方图说》一书中，赵爽在充分总结前人成就的基础上，用出入相补的原理成功地证明了勾股定理，至今这部书里还留有当时的计算残图，赵爽用他数学家具有的决断和睿智从几何学的角度对勾股弦的各种关系和二次方程解决加以证明。赵爽对勾股定理的研究和探讨使得勾股定理在数学上的地位越来越重要，约晋太康元年（280 年），赵爽病逝，终年约五十八岁。

《脉经》最早总结脉学

《脉经》是我国现存最早的一部系统论述脉学的专著，由晋代医学家王叔和于西晋初年（266 年）至武帝太康三年（282 年）间撰成。历史上还出现过其他《脉经》，如隋唐时期黄公兴、秦承祖等所著的《脉经》，但均已佚失。

王叔和的《脉经》是对 3 世纪以前脉学的系统总结，共 10 卷，摘录了《内经》《难经》《伤寒论》《金匮要略》及扁鹊、华佗等有关论说。对脉理、脉法进行阐述、分析，首次把脉象归纳为浮、芤、洪、滑、数、促、弦、紧、沉、伏、革、实、微、涩、细、软、弱、虚、散、缓、迟、结、代、动等 24 种，对每种脉象的形象、指下感觉等作了具体的描述，并指出了一些相似脉

《脉经》书影。我国现存最早的脉学专著，西晋太医令王叔和撰。系统地总结了魏晋以前的脉学成就，厘定了二十四种基本脉象，成为后世脉诊的规范。

象的区别，分 8 组进行排列比较，初步肯定了左手寸部脉主心与小肠、关部脉主肝与胆，右手寸部脉主脉与大肠、关部脉主脾与胃，两手尺部主肾与膀胱等寸关尺三部的定位诊断，为后世中医脉学的发展奠定了重要的基础。唐宋医学校将该书作为主要的教科书之一。《脉经》一经问世，即流传到阿拉伯、日本等国家，对当地脉学的形成和发展产生了深远的影响。

魏华存撰《黄庭内景经》

魏华存（252 年—334 年），字贤安，任城樊（今山东济宁东）人，晋司徒魏舒之女，世称魏夫人。她聪颖过人，饱读书籍。小时候对中国的道教非常着迷，希望自己能成仙得道。经常食服那些能吐纳摄生的胡麻散、茯苓丸等药物，以求长生不老。24 岁时被迫与太保椽刘文结婚，生两个孩子。不久以后，魏华存便因丈夫外任，孩子渐大开始悉心研究道家经典，成为一名虔诚的道教徒。约在晋太康九年（288 年），魏华存得到《黄庭内景经》草本，并给它注述（或由道士口述，华存记录，并详加诠次），撰为定本。

《黄庭内景经》又名《太上琴心书》《东华玉篇》《大帝全书》《上清黄庭内景玉经》，为七言韵文，以祖国医学人身脏腑各有所主理论为基础，结合道教人身百脉关窍各有司神之说，提示以"存思"为主的修炼要诀，是宗教思想与气功医学相结合的一部道书，被道教徒誉为"致神仙"、"不死之道"的真文，为早期上清派所崇奉，倾注了魏华存全部的心血，为道教和医学的发展做出了积极的贡献，具有很高的价值。

魏华存因中原战乱，携子渡江，栖宿于衡山，她也因她撰定的《黄庭内景经》被道教徒尊奉为南岳真人、南岳夫人。

葛洪著《肘后方》

晋代葛洪（284年—364年）编著《肘后救卒方》。《肘后救卒方》又名《肘后备急方》，简称《肘后方》，取其书精选可挂于肘臂之间而名，是一部实用的急救方书。

葛洪，字稚川，号抱朴子，丹阳句容（今江苏句容）人，人称葛仙翁，是东晋医学家、哲学家和炼丹化学家。葛洪喜好养生之术，著有《抱朴子内篇》，专论长生术和神仙思想，在医药化学方面也多有贡献。为学道，他兼修医术，研读了当时各名家近千卷医书，广泛收集民间验方验法，撰写了100卷的《玉函方》（又名《金匮要方》）。但葛洪深感前人方书对各种急症论述不足，编纂又缺乏条理，临床时不便检用；且用药大多名贵，针灸方法也非精通经脉俞穴的医生不能用；加之《玉函方》虽完备篇幅又嫌繁浩，不便流传及救急之用，故将《玉函方》精选，编成《肘后方》3卷。

《肘后方》内容包括发病急骤的传染病、寄生虫病及内科、外科、妇科、儿科、五官科急症，还涉及食物药物中毒、虫兽所伤等。在传染病方面，对天花、疟疾、痢疾、狂犬病、结核病、恙虫病都有记述并附之验方。它对天花临床特征和流传过程的记述，是中国现存有关天花的最早记载；对恙虫

（沙虱）病成因的分析，又令人叹服早在 4 世纪，中国人对病原媒介物已如此了解；对狂犬病的防治，又萌发了中医免疫的萌芽；对疟疾的用药，青蒿绞汁的应用，是现代青蒿素治疟疾的先声；对水肿病症的发展及治疗，首次采用汞剂利尿，又用腹腔穿刺放腹水，这是继《内经》后的又一详尽记载。在创伤和化脓性感染等外科方面，它认为疮疡痛肿是由"毒气"所致，并提出了洗

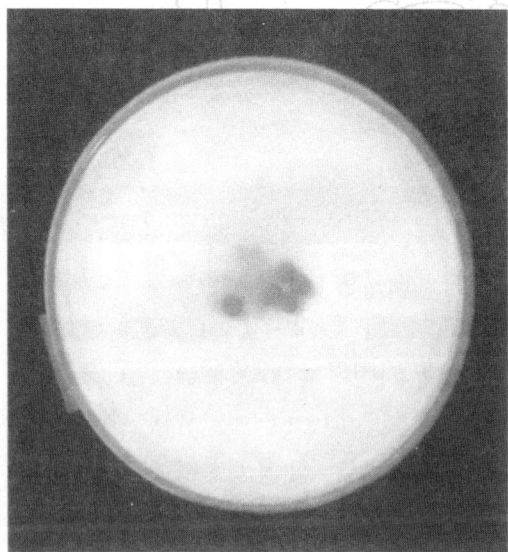

晋代丹丸

疮术，用热水、盐汤、酒、醋等清洗，加之不同的引流方法治疗创伤和脓肿。在外科手术方面，记录了肠吻合术和四肢骨折及软组织挫伤使用的竹片夹裹固定法，另还有下颌关节脱位整复术。另还有一些急症的处理方法，如抢救自缢者、治误吞钗者、治小腹满不得小便、药物灌肠通大便等。

《肘后方》原书 86 篇，后经南朝名医陶弘景删节，合为 79 篇，又增补 22 篇，定为《肘后方百一方》；金代杨用道又作增补，成今本之《肘后备急方》。

《肘后方》反映了中国 3~4 世纪前临证医学的成就，其方法的简单易行，药物的价廉易得，对普罗大众的卫生保健发挥了重要作用；同时，它还促进了医药知识在民间的传播，对后世中医产生了极大的影响，在医学史上占有重要地位。许多治疗方法，至今仍被采用。明清时出现的走方医、铃医，也当是受葛洪医学思想的影响。

北凉造《玄始历》

玄始元年（412年），北凉造《玄始历》。

春秋战国以来，人们根据所发现和创立的二十四节，总结出19年为一章，每章有7个闰年的历法规律。如《太初历》《四分历》等，都是采用这一闰年法。

东汉以后，随着天文观测记录的逐渐积累，统计所得的回归年日数和朔望月日数的比率更加精密，给改革闰周、调整回归年数和朔望月数的比率创造了条件。人们发现，19年7闰的闰年方法，虽比以前进步得多，但闰数稍大，每过240年左右，就要相差1天。玄始元年（412年），北凉科学家赵欧在吸收前人成果的基础上，对这一闰年方法加以改进，制订了《玄始历》。《玄始历》把600年算作一章，每章包括221个闰月。这样，沿用近千年的19年7闰法发生动摇。赵欧对闰周方面的设订，在天文学史上具有重要意义，为南齐祖冲之编制《大明历》奠定了基础。《大明历》中391年有144个闰月的闰周法正是《玄始历》闰周法的继承和发展。

郦道元撰成《水经注》

孝昌三年（527年）十月，《水经注》的作者郦道元被肖宝寅杀死，终年61岁。

《水经》是中国第一部记述全国河道水系的著作。旧说为三国桑钦所撰。《水经》记述河流137条，并附《禹贡山川泽地所在》凡60条，内容极为简

《水经注》。古代地理名著，北魏郦道元编撰，四十卷。书中记载大
小水道 1252 条，一一穷原竟委，并叙述了所经地区的地理概貌、建置
沿革、历史事件甚至神话传说。

略。原书失佚。北魏郦道元为《水经》作注，并且加以补充，撰成《水经
注》。《水经》借《水经注》流传后世。

郦道元（约 470 年—527 年），字善长，北魏范阳涿县（今河北涿县）
人。历仕宣武帝、孝明帝两朝，先后任冀州刺史于劲镇东将军府长史、鲁阳
太守、东荆州刺史、河南尹等，后任御史中尉。其好学博闻，广览奇书，足
迹所至"访渎搜渠，缉而缀之"，考察河道变迁和城市兴废等地理状况。

《水经注》原四十卷，北宋时已部分亡佚，后人割裂凑成四十卷。《水经
注》以《水经》为纲，为《水经》作注。但引述支流扩充到 1252 条，实际现
存本多达 5000 多条。其注文共约 30 万字，为原书的 20 倍。书中所征引的著
作多达 437 种，并收录了不少汉魏时期的碑刻，有很高的史料价值。

《水经注》以河道为纲，所记每条河道均原竟委，并连带叙述流经区域的
山陵、湖泊、郡县、城池、关塞、名胜、亭障，以及土壤、植被、气候、水
文和物产、农田水利设施的情况，还记载了社会经济、民俗风气和有关的历
史故事、人物、神话、歌谣、谚语等。虽然郦道元为北朝人，对南方水系的
记载不免有错误，但《水经注》作为中国古代最全面而系统的综合性地理巨
著，对中国地理学的发展有重大贡献，在中国以至世界地理学史上都占有重

要地位。而且《水经注》文笔绚丽，具有较高文学价值。

后人对《水经注》的研究，以明朱谋㙔《水经注笺》和清全祖望《七校水经注》、赵一清《水经注释》、戴震《水经注武英殿聚珍本》、王先谦《合校水经注》及近人杨守敬、熊会贞《水经注疏》最为著名，其中尤以《水经注疏》为最完备。

贾思勰著成《齐民要术》

约在永熙二年至武定二年间（533年—544年），北魏农学家贾思勰著成综合性农书《齐民要术》。贾思勰是青州齐群益都（今山东寿平县）人，生平不详，曾任高阳太守。

《齐民要术》共10卷92篇，11万多字，内容极为丰富，涉及农、林、牧、副、渔等农业范畴。卷首有"序"和"杂说"各一篇。"序"是全书的总纲，"杂说"则被认为是后人所作。

贾思勰像

该书主要内容有：土壤耕作和农作物栽培管理技术；园艺和植树技术，包括蔬菜和果树栽培技术；动物饲养技术和畜牧兽医；农副产品加工和烹饪技术等。书中引用了100多种古代农书和杂著的内容，《氾胜之书》、《四民月令》及《陶朱公养鱼经》等一些佚失著作的部分内容得以保存下来，具有重要的史料价值。

《齐民要术》系统总结了秦汉以来我国黄河流域的农业科学技术知识，其取材布局，为后世的农学著作提供了可以遵循的依据。

在土壤耕作方面，《齐民要术》针对黄河中下游的气候特征，总结摸索出耕——耙——耱一整套保墒防旱措施，从而基本上形成了完整的北方旱地土壤耕作技术。其中提到的20多种农具中，"耙"和"耢"的出现成为整地工具的一大进步和精耕细作体系的必要手段。耕——耙——耱耕作技术的第一个环节就是要耕好地。为了保存土地的肥力和水分，书中对春、夏、秋三个季节的耕种时间、深浅、程序都作了明确的说明。第二个环节是土壤耕后的多次耢（耱）地，这样能使土壤细熟，上虚下实，这样有利于保墒防旱和种子的生长发育。此外，为适于种子发芽，还可用农具"挞"复种镇压。耕、

《齐民要术》书影。成书后广为流传，版本多至20种，并经常为其他农书援引，被誉为"农业百科全书"。

耙、耢措施相互配合，辅以镇压及中耕，组成了以防旱保墒为目标的旱地耕作技术体系。《齐民要术》还主张实行轮作复种制和间混套作，充分利用地力和太阳光能，并且开始有意识地栽培绿肥。书中还积累了选种、播种等方面的丰富经验，重视以水稻烤田技术、病虫害防治技术为特征的田间管理技术。

在栽培技术方面，《齐民要术》中记载了蔬菜的复种和间作、果树的压条繁殖、扦插、分根和嫁接的繁殖方法以及"疏花措施"、"嫁树法"等促使果树开花结果的有效办法。

此外，《齐民要术》中提到了动物饲养和畜牧医技术，总结了家畜饲养管理方面的经验，收集了古代兽医药方48条，在家畜阉割操作与消毒方面达到了很高的水平。书中还论述了养蚕及蚕病防治技术；记载了酿酒的具体方法，提出了40多种酿造方式，在作醋、制酱和制豉方面也作了较系统的介绍。书中还介绍了169种菜肴的烹调方法及多种调味品的制作方法，是目前我们了解研究魏晋南北朝以前我国烹调技术的全面的、具体的，也是唯一的著作。书中第10卷所介绍的野生植物和南方植物的利用可以说是现存最早的南方植物志。

该书不仅是我国现存最早和最完善的农学名著，也是世界农学史上最早的名著之一，对后世的农业生产有着深远的影响。明代王廷相称它为"惠民之政，训农裕国之术"。唐宋以后出现的不少农书，如徐光启的《农政全书》、

王祯的《农书》等，均受其影响，而且早在唐宋时期，该书已传入日本，至今日本还藏有北宋最早刊印的残本。近代以来，世界上出现了该书的多种译本和研究性的著作。欧美学者称它"即使在世界范围内也是卓越的、杰出的、系统完整的农业科学理论与实践的巨著"。

祖冲之造《大明历》

　　南朝宋孝武帝大明六年（462 年），著名数学家、天文历算学家祖冲之在总结前人经验的基础上，经过自己实际测量和精确运算，编制了一部优秀的历法——《大明历》，这是南朝最优秀的历法。

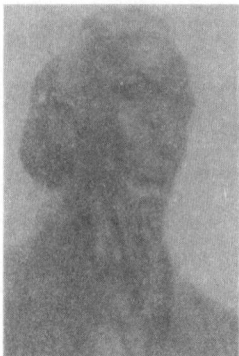

　　南北朝出现的历法很多，北朝尤盛。北朝的统治者们相信改历、改元会使他们的政权长久的五行说，先后编造了 12 部历法。南朝的情况也大致相似。

　　祖冲之《大明历》的编制的最大创造性就表现在将东晋虞喜发现的岁差现象引入历法计算之中。这样冬至点就是逐年变动的，纠正了历法中固定冬至点与天象的不合。这不仅克服了旧历的严重缺陷，而且提高了历法计算的精度。祖冲之勤于实测，长于数学，为了使所编历法的基本常数回归年长正确，他于大明

祖冲之像

五年（461 年）冬至前后用圭表测量日影而定冬至太阳在斗十五度，与过去的值比较后，得到岁差每 45 年 11 个月差一度的结论。虽然他定的岁差值精度不高，但这是开创性的工作，在中国历法史上是一个重大进步，而且他的测量和计算方法被后世所效法。

　　《大明历》以 365.2428 日为回归年长，此后的 700 年间，这一年长值一直是最好的。《大明历》计算出的交点月数值为 27.21223 日，与现代测得的值 27.21222 日相差仅万分之一日；计算出的近点月数值 27.554687 日，与现代

测得值 27.554550 相差不过十万分之十四日。祖冲之还采用了 391 年中有 144 个闰月的精密的新闰周。这些卓越成就都是建立在精确的天文观测基础上的，同时与数学的进步密不可分。

然而这部优秀历法诞生以后，受到权臣戴法兴的阻挠而未能及时颁行，直到梁天监九年（510 年）才得以行世，这是中国科技史上一件十分遗憾的事情。

大科学家祖冲之推算圆周率

齐永元二年（500 年），祖冲之卒。

祖冲之（409 年—500 年），中国历史上一位伟大的科学家，在数学、天文历法、机械制造等方面都有突出的成就。他生活于南朝宋、齐间，祖籍范阳郡遒县（今河北涞源县），由于战乱，先世由河北迁往江南。祖冲之在青年时代进入专门研究学术的华林学省，从事学术活动。曾先后在刘宋朝和南齐朝担任过南徐州（今镇江市）从事史、公府参军、娄县（今昆山县东北）令、偶者仆射、长水校尉等官职。

《隋书·律历志》关于祖冲之圆周率的记载

祖冲之是一位博学多才的科学家。在天文历法方面，他创制了《大明历》，最早把岁差引进历法，并采用 391 年加 144 个闰月的精密的新闰周，这些都是中国古代历法的重大进步。在机械制造方面，他曾设计制造过水碓磨、铜制机件转动的指南车、一天能行百里的"千里船"，以及一些陆上运输工具。他还设计制造过计时器——漏壶和巧妙的欹器。不过，祖冲之对后世影响最大的科学成就则是关于圆周率的推算。

在圆周率的计算上，我国很早就采用周三径一的方法，但得出的数字不准确。西汉末年的刘歆、东汉的张衡、三国孙吴的王蕃，都曾算出圆周率的数据，比周三径一较细致一些，但还不够。曹魏末年的刘徽不仅注过《九章算术》，而且他的割圆术计算圆周率奠定了可靠的科学基础。刘徽用圆内接正多边形的各边之和，来逐渐接近圆周的长度。他从圆内接正六边形开始，计算内接正十二边形、正二十四边形等一直计算到圆内接正一百九十二边形。假定圆半径为一尺，得圆内接正一百九十二边形的面积是在 $314^{64}/_{625}$ 方寸和 $314^{169}/_{625}$ 方寸之间。他由此确定圆周率值为 3.14，后世称为"徽率"。刘徽认为还可以用这个办法继续推算，直到与圆周合体，便确切无疑了。

刘徽的方法无疑启发了祖冲之。在前人的基础上，他进一步算出更精确的圆周率数据。《隋书·律历志》记载了这一计算成果："祖冲之更开密法，以圆径一亿为一丈，圆周盈数三丈一尺四分五厘九毫二秒七忽，朒数三丈一尺四寸一分五厘九毫二秒六忽，正数在盈朒二限之间。密率圆径一百一十三，圆周三百五十五；约率圆径七，周二十二。"

祖冲之儿子祖暅在开立圆术中设计的立体模型

由此可见，祖冲之得出的圆周率，其盈数为 3.1415927，不足数为 3.1415926，亦即兀的数字，小于盈数而大于朒数。同时，祖冲之还确定了兀的两个分数值，其约率为：兀 $=^{22}/_{7}$，密率为：兀 $=^{355}/_{113}$。祖冲之计算圆周率准确到小数点后第六位，这是当时世界上最先进的成就，直到 15 世纪，阿拉伯数学家卡西和 16 世纪法国数学家 F. 韦达才得到更精确的结果。祖冲之所确定的两个分数形式的兀值，也是直到 16 世纪才被德国人 V. 奥托和荷兰人 A. 安托尼斯重新发现。就分子分母不超过百位数的分数而言，密率 $^{355}/_{113}$ 是圆周率值的最佳近似分数，因而是当时的最高成就。为了纪念他的贡献，人们把密率称为"祖率"。

祖冲之在数学方面的成就还体现为他与儿子祖暅共同探究的关于球体积的计算方法以及《缀术》一书的著述，后者在唐代被列为重要教科书，学生需研习四年。可惜此书已失传。

陶弘景注《本草经》

陶弘景（456年—536年）字通明，所著《本草经集注》堪称《神农本草经》之后本草学的一个重要里程碑。

在《神农本草经》所记载的365种药物的基础上，又增补了选自《名医别录》的365种新药，共730种，并撰写了比较详细的注文。为区别书中不同的文字构成，陶弘景以小字写注文，以红色和黑色的大字分别书写辑录的《神农本草经》和《名医别录》的内容，这样处理，使全书内容源流清晰。

《本草经集注》的重要成就，首先在于按统一体例整理了当时流传的各种《神农本草经》。该书首次按药物的自然属性将所选的730种药物分为玉石、草木、虫兽、果菜、米食等，比《神农本草经》上、中、下三品分类有突破性意义的进步。唐代《新修本草》和明代李时珍《本草纲目》的分类方法，都是对这种药物分类法的继承和发展。该书"序例"中还提出了"诸病通用药"，列举的这类药物共80多种，依照药物的治疗性能分类，这对于临床实用有重要的指导意义。现代中药学著作大都沿用这种功能分类的方式，足见其开创之功。陶弘景重视药物的性味，他将药性分为寒、微寒、大寒、平、温、微温、大温、大热几个属性，特别强调药物的寒温特性，指出"甘苦之味可略，有毒无毒易知，唯冷热须明"。另外，对药物的产地、采集、炮炙、贮存、鉴别等都有较多的补充和说明，尤其重视药物产地对药物疗效的影响。

《本草经集注》在中国药学史上有很重要的地位，它对南北朝以前的本草著作进行了一次系统整理，使中国主流本草学著作的雏形大体定型。

何稠新创制玻璃法

西汉丝绸之路开通以后，大月氏国的商人把玻璃器皿和烧造玻璃的方法带到了中原地区。但到隋朝，大月氏商人传授的烧造玻璃之法已经失传。于是，重新研制玻璃制造的重任落在了擅长机巧制作的摧监何稠身上。何稠以极大的勇气凭着多年的经验和锲而不舍的刻苦探索，先后深入研究了烧制陶器、琉璃等工艺，均未成功，后从绿瓷的特殊烧制工艺中受到启示，又将琉璃作以改进，发明了吹制法。至此，新的玻璃烧制法诞生了。后人称这种方法为"何稠新创制玻璃法"。

何稠初创烧制玻璃，玻璃质地还相当不纯。陕西西安隋李静训墓出土了浅绿色玻璃瓶、罐、杯、珠、卵形器等，其中以吹制法制成的罐及卵形器等玻璃器，其浅绿色半透明的玻璃质感，类似于当时的北方青釉，其特征与何稠借烧绿瓷之法制作玻璃相类似，这批成分各异的玻璃器，当是我国自制玻璃。

用何稠新法吹制的玻璃在唐代已有大进步，品质已有较大提高。陕西三原、甘肃泾川、黑龙江宁安、辽宁朝阳等地都曾零星出土了一些唐代玻璃器，但数量甚少，且含铅量极高，最高竟达 68.51%，属于高铅玻璃。三原出土的玻璃瓶，含铅 46.65%，含钠 10%，属于钠铅玻璃。1985 年 5 月陕西临潼唐代塔基出土的玻璃果、玻璃瓶等，其形制皆为中国传统式样，采用吹制法制成。尤其玻

隋玻璃杯

隋玻璃瓶

隋玻璃带盖小罐

隋玻璃戒指

璃呈浅绿、浅黄色，半透明，器壁极薄，制作技艺高超。

何稠吹制玻璃法对后世玻璃器的制造产生了极大影响，也奠定了现代玻璃吹制法的基础。

刘焯定《皇极历》

隋大业元年（605年）八月，隋代天文学家、算学家刘焯制定《皇极历》。

刘焯（544年—610年），信都昌宁（今河北冀县）人，刘献之三传弟子，传其毛诗学。又受《礼》于熊安生。与刘炫齐名，时称"二刘"。精通天文，著有《稽极》10卷、《历书》10卷及《五经述议》等书。曾奉名与刘炫考定洛阳石经，在辩论时责难群儒，因受谤免职。

隋炀帝继位后，刘焯被征用。仁寿四年（604年），刘焯开始制定《皇极历》。《皇极历》是当时最好的历法，有许多革新和创造。刘焯不但考虑到月亮视运动不均匀性，而且还考虑太阳周年视运动不均匀性，开始用较合理的内插公式来计算定朔校正数。从而超过前人的历法。刘焯又改岁差为75年差1度，比虞喜和祖冲之的推算更接近实测值（今测为每隔76.1年差1度。当时欧洲还沿用100年差1度的数据）。他在推算日行盈缩，黄、月道损益及日、月食日期方面均比前代历法精密，并在造历过程中，首先用定朔法代替了以往使用的平朔法，这是我国古天文学上的一项重大变革。《皇极历》曾在理论上提出测量子午线长度的方法，目的在于否定过去所谓表"影千里差一寸"的说法。由于保守派的反对，实测子午线没有实行，《皇极历》也未颁行。但是唐开元十二年（724年），南宫说按照刘焯的理论，在世界上首次实测出地球子午线的1度之长为351里80步。《皇极历》在唐代成为李淳风制《麟德历》的依据。

总之，刘焯定《皇极历》是我国天文学史上的一大进步。

裴矩撰《西域图记》

裴矩约于隋大业元年至二年（605年—606年）撰成《西域图记》。

裴矩（？—627年），字弘大，河东闻喜人，隋代著名的地理学家。隋炀帝为了打通西域，以裴矩为黄门侍郎，驻在张掖（今甘肃），并往来于武威、张掖之间，以主持与西域的联系及商业交通事宜，也兼管与西方各国的通商往来。裴矩向西域商人了解诸国情况，搜集了44国政教、风俗、姓氏、服章、山川、交通、物产等资料，撰成《西域图记》3卷。书中记有访求的44国情况，并绘有地图，将西域的要害地区标出。

在《西域图记》的序言中，记载着以敦煌为总出发点，到地中海的3条大道。敦煌是由内地到西域的咽喉，而伊吾（今新疆哈密县）、高昌（今新疆吐鲁番）、鄯善（今新疆罗布泊西南）则分别为3条大道的起点。3条大道即北道，在天山北路，由伊吾经蒲类海、铁勒等部至西海；中道即天山南路的北道，由高昌、焉耆（在今新疆）、龟兹（今新疆库车）等地而至西海；南道即天山南路的南道，由鄯善、于阗（今新疆和田）、朱俱波等地而至西海。其中的中道和南道，越过葱岭后分别到达波斯（今伊朗）和佛菻（即古代罗马帝国）等西亚、欧洲各国，是历史上有名的"丝绸之路"。

《西域图记》记载详确，为《隋书·西域传》所本。原书已亡佚，序言存《隋书·裴矩传》中，是研究我国古代中西交通的重要文献。

《缉古算经》成书

大约在唐武德九年（626 年）以前，王孝通完成了现存最早系统地研究三次方程的著作——《缉古算术》，显庆元年（656 年）国子监开设算学馆，该书被列为教科书之一，并改称为《缉古算经》。

解三次方程在中国古代称为"开带从（纵）立方"，是开立方问题的自然推广。汉代《九章算术》中已有了一套完整而统一的开平方、开立方法。南北朝时祖冲之父子可能探讨过三次方程问题，但仅存片言只语的记载。王孝通的《缉古算经》则系统地研究了三次方程。

《缉古算经》全书为 1 卷，共 20 个题目。第一题是关于天文历法的计算问题，用算术方法解答。第二至第十四题是关于土木工程中的体积和长度计算，特别是已知某一部分的体积而返求特定的长度，因而需要列出并求解三次方程。第十五至第二十题是勾股问题，涉及三次方程和双二次方程。每个问题之后都有术文，主要是说明三次或双二次方程各项系数的算法。在一些重要术文之后还附有王孝通的自注，一般都是说明立术或建立方程的理论根据及其运算过程。《缉古算经》中没有叙述求解一元三次方程的演算程序，也没有数字计算的细草。这也许是因为当时的主要问题是如何根据实际应用问题列出方程，而一元三次方程的算法在其他书里已有记载。现在研究一般认为，求解三次方程的算法是由《九章算术》"开立方术"推广而来的，只要对"开立方术"的术文稍加修改就可得出三次方程的算法。

在古代，由于缺乏简便有效的代数符号，所以要由实际问题列出高次代数方程是相当困难的。王孝通在这方面表现出了高超的运算技巧和推理能力，他由实际问题的几何意义出发，经过一系列推导而确定方程的各项系数，推导过程中用到复杂的几何公式、勾股恒等式和代数恒等变形。算经中的土木工程问题一般都比较复杂，例如第三题的第二部分的堤防问题，就今天来看也是具有一定难度的。

《缉古算经》用三次方程解决实际应用问题这一辉煌成就不仅是中国现存典籍中的最早记述，而且在世界数学史上也是系统论述三次方程数值解法及其应用的最古老的著作，比其他国家至少要早 600 年以上。

孙思邈总结传统医学成就

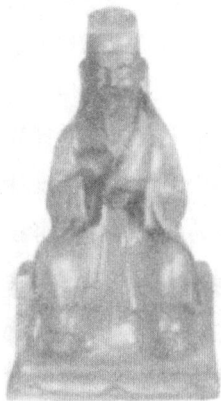

永淳元年（682 年），孙思邈卒，终年 101 岁，后人誉之为"药王"。

孙思邈（约 581 年—682 年），唐代医学家、道士，世称孙真人。他自幼体弱多病，于是立志学医，刻苦钻研古典医著，虚心向人请教。20 岁时他的医术已相当高明，给人治病效果良好，终身以医为业，名扬天下。

孙思邈在几十年的医学临床实践中，发现古代医书浩博杂乱，不易查检，因而他博采众长，精心删减，结合自己的实践经验，于 652 年撰成医书《急备千金要方》，总结了唐代以前的医学成就。30 年后，他又在总

孙思邈像

结半生医学经验的基础上，集成《急备千金要方》的姊妹篇《千金翼方》。两本《千金方》如"羽翼高飞"，相辅相成，是孙思邈对传统医学成就进行的一次全面系统的总结。

《千金要方》共 30 卷。第一卷为总论，讲述医药、本草、制药等。随后以临床诊治为主，包括妇科 2 卷，儿科 1 卷，五官科 1 卷，内科 15 卷，外科 3 卷；另有解毒急救 2 卷，食治养生 2 卷，脉学 1 卷及针灸 2 卷。《千金翼方》同为 30 卷，其体例结构近似《千金要方》。所不同的是，该书对药物学和《伤寒论》加强了介绍和论述，是唐代最具代表性的医学巨著，被誉为"第一

药王山上的石雕牌坊。在耀县药王山上有多处为孙思邈而立的牌坊。

求医图。敦煌莫高窟217洞壁画。此画面左面一医生手持白色手杖，后随者当为助手怀抱出诊包一类物件。前面着绿色上衣女性为病家迎接医生临舍，其庭堂正坐者为主妇，旁坐者抱一婴童，即患者，生动体现了盛唐时期医生出诊的情景。

部临床医学百科全书"。

在《千金要方》中，孙思邈专门列出"大医精诚"和"大医习业"篇，前者对医生的业务水平及修养作了严格的要求；后者则对医生的医德规范作了精辟的论述，反映出孙思邈高尚的医学伦理观念和人道主义精神，从而奠定了中医伦理学的基础。

孙思邈的重要学术思想之一是重视妇科儿科的疾病。他将"妇人方"3卷和"少小婴孺方"2卷摆在首要的位置，这是《诸病源候论》及隋代以前的医书中所没有的。两书中妇产科的内容达7卷之多，系统论述了胎前、产后、月经不调、崩漏、带下等妇产科疾病的诊治，奠定了后世妇产科发展的基础。

孙思邈在《千金要方》和《千金翼方》中各用两卷的篇幅对伤寒病作了详细的阐述，收集了张仲景《伤寒论》的部分药方，引用华佗、王叔和等名医关于伤寒的论述，并记载了伤寒膏、发汗散、发汗汤、丸等多种方药和汗、吐、下及表里双解等治疗方法。孙思邈归纳出张仲景治疗伤寒病的方法不过三种，一则用桂枝汤，二则用麻黄汤，三则用青龙汤。明代方有执、喻嘉言进而将此发展为"三纲鼎立"之说。

《千金要方》及《千金翼方》最突出的贡献在于反映了孙思邈在药物学方面的卓越成就。孙思邈在继承前人医学成果、收集民间验方和总结自己药学知识的基础上，首先提出及倡用了一些新的有效药物，如荞麦、糯米、山韭

《千金翼方》书影

等。他亲自上山采药，亲自栽培药物。《千金翼方》中论述了 233 种药物的采集时节和方法，记述了 20 多种常用药物的翻土、播种、收采等具体栽培方法，表现出他丰富的采集和鉴别药物的经验及娴熟的药物栽培技术。《千金翼方》还记载了 133 州出产的药物，用唐代地名对药材重新进行了整理、命名，并纠正补充了《新修本草》中药物产地记载的错误和不足。说明孙思邈特别注重药物的产地对药效的影响和对选用地道药材的重视。对于药物的加工、炮炙和贮藏与保管等，孙思邈也进行了详细的论证和说明。此外，两部《千金方》还反映出孙思邈在方剂学方面的重要贡献。书中除选录历代 20 多家名医的医方外，还集录了大量的民间单方验方、少数民族及国外医方，共 6500 多首，堪称集唐代以前医方之大成。孙思邈因此被称为"药王"。

在杂病诊治方面，孙思邈在《千金要方》中以五脏六腑为纲，对内杂病进行了分类，对于每一脏腑都单列一卷，依次论述了脏腑的生理病理、虚实寒热病证及其他有关的疾病，形成了一个相对独立的体系。除风病、脚气、消渴、淋病等单独论述外，其余内科杂病都归在脏腑之下。这种归类法有利于认识疾病的部位和本质，较《诸病源候论》有了明显的进步。

孙思邈对医学的贡献还在于他提出了针灸与药物并用的综合治疗原则。他依据甄权的针灸图绘制出《明堂三人图》（已失传）——三幅大型彩色人体经脉腧穴图，标定了 650 个穴位，发明了著名的"阿是穴"，开创了彩色针灸绘图之先河。他所记载的 400 多条针灸处方，具有很高的科学价值。

在《千金要方》和《千金翼方》中，孙思邈还设专篇论述了养生原则和具体方法。他提倡食疗，尤其重视老年保健，充分肯定服食药物的保健作用。他在《千金要方·养性》中列出了 22 首服食方，《千金翼方·辟谷》中记载了 37 首养性服饵方。其中许多植物药如茯苓、天冬、地黄等经研究证明含生物碱和维生素，对人体十分有益。孙思邈一贯主张用石药、按摩等防治老年病，为老年病的防治留下了宝贵的经验。

孙思邈是唐代极有影响的医学家，也是我国医学史上最伟大的医学家之一。他所总结的传统医学成就为后世留下了宝贵的医学财富。《千金要方》和《千金翼方》还流传到国外，为日本、朝鲜的多种医著作引用，在医学界产生了深广的影响。

窦叔蒙研究潮汐

由于月球和太阳引力的作用，海洋水面发生周期性升降现象，这就是潮汐。在唐代，随着航海业的日渐发达，需要对潮汐涨落规律在观察和计算的基础上进行科学的总结，窦叔蒙在这方面有突出的贡献。在其《海涛志》中，关于潮汐的周期性现象，他指出共有三种："一晦一明，再潮再汐"，"一朔一望，载盈载虚"，以及"一春一秋，再涨再缩"。可以说已经正确阐明了正规半日潮的一般规律。第一种是指一日之内海水两涨两落，即有两次潮汐循环；第二种是指一个朔望月内，有两次大潮和两次小潮；最后一种

唐孝贤墓天象图。唐孝贤墓后室墓顶的天象图画过两次：第一次在神龙二年，星辰皆用白色刷点；第二次在景云二年追赠太子后，在原来的图上分别用金、银箔及黄色重新贴画星辰。今金、银星辰有些已脱落，黄白两色大部分保存完好。

指一回归年之内，也有两次大潮和两次小潮。窦叔蒙还总结了在一回归年内阴历二月和八月出现大潮的规律。他基于潮汐运动和月球运动同步性的原则，曾计算得出潮汐周期为12时25分14.02秒。两个潮汐周期比一个太阴日就多50分28.4秒，即相当于0.8411208时。这个数字接近于现在计算的正规半日

潮每日推迟 50 分或现在规定的一个太阴日和太阳日差值 0.8412024 时的值。

窦权蒙在《海涛志》中进一步阐明了潮汐的起因和月球运行的关系为"潮汐作涛，必符于月"，即潮汐盛衰有一定规律，具体来说，就是"盈于朔望，消以朏魄，虚于上下弦，息以朓朒，轮回辐次，周而复始"。

陆羽著《茶经》

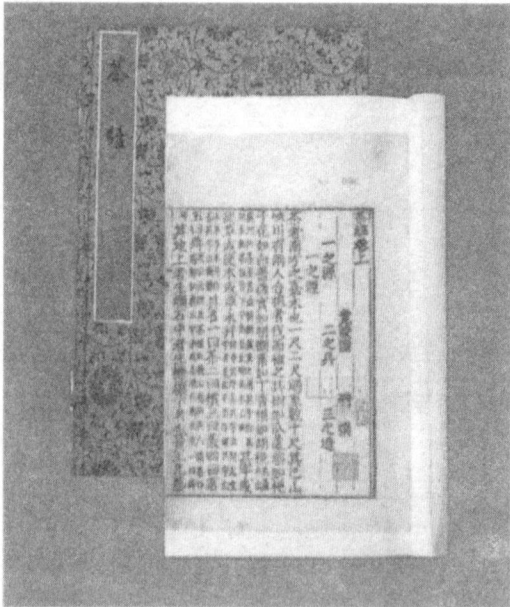

《茶经》书影。《茶经》是中国古代著名的茶书。

陆羽，字鸿渐，又一名疾，字季疵，自称桑苎翁，又号竟陵子、东冈子、东园先生，晚年更号广宵翁，复州竟陵（今湖北天门）人，生于开元二十一年（733 年），死于唐德宗贞元年间（785 年—805 年）。唐代，我国的饮茶的风尚遍及全国，茶叶成为主要商品之一，陆羽年轻时期遍历长江中、下游和淮河流域各地，考察收集大量有关茶叶生产和其它茶事的资料，在此基础上形成有关《茶经》的最初雏形。

《茶经》系统地总结了唐代以前我国种茶、制茶和饮茶的经验以及他本人的体会，全书分上、中、下 3 卷，计 10 篇，7000 余字，10 篇分别为"一之源"，论述茶的起源；"二之具"记述采、制茶的用具；"三之造"是说茶叶种类和采制方法的；"四之器"介绍茶之饮、饮茶的器皿以及我国瓷窑产品的劣势；"五之煮"，陈述煮茶方法和水质的品味；"六之饮"记载饮茶风俗和品茶、饮茶之法；"七之事"汇集历史上有关茶的典故，传说以及药效；"八之出"列举了当时我国名茶产地及所产茶叶的优劣；"九之略"，指出在特殊条件下某些器皿可以省略；"十之图"要求将《茶经》书于绢帛张挂之。其中有关茶的生产和特性，以及采茶所用的器物等内容都应属于农学范围，如论述茶树与土壤的关系时指出："上者生烂石，中者生砾壤，下者生黄壤"；采茶的时间以春茶为上，"凡采茶，在二、三月、四月之间"。这些都很符合客观规律。当时茶叶的著名产地大多分布在长江流域及其以南地区，从《茶经》我们可以看出唐代南方已有很高的茶树种植生产水平。

　　《茶经》是世界上第一部关于茶的专著。《茶经》的出现，不仅对我国，在世界茶学发展史上也具有划时代的意义。

唐鎏金银茶具一套。为唐皇室御用真品，不仅系列配套、质地精良，而且真实地反映了唐宫廷茶道繁荣奢华的特点，是我国茶文化考古史上最齐全、品位最高的一次发现。

李吉甫编成《元和郡县志》

　　唐宪宗元和八年（813年），李吉甫编成了《元和郡县图志》，全书从京兆府到陇右道，共写了47镇，在介绍每个镇前都附有一幅图。但大约在南宋时，志存而图失，所以也有人称此书作《元和郡县志》。这是我国现在最早最完整的全国性方志名著，同时也是一部以疆域政区为主体的地理总志，保存了唐代政治经济的宝贵资料。此书继承和发展了汉、魏以来的地理志、图志和图经的编撰方法，叙述有章有法，内容翔实可信，后世认为此志"体例最善"。以后历代各种志书都以此志为范本，所以此书也可称是划时代的地理著作。

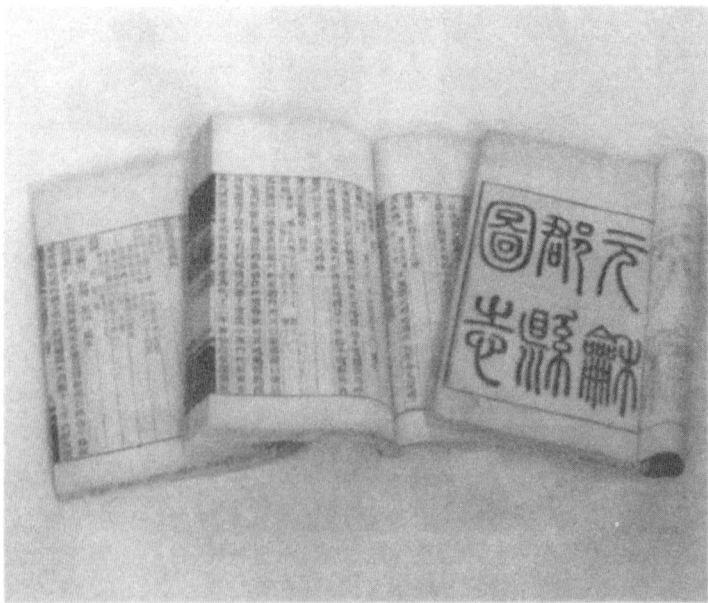

李吉甫编成《元和郡县图志》。唐代地理总志，是现存最早且较完整的总志。

《元和郡县志》原有志 40 卷，目录 2 卷，共 42 卷，今传本缺 6 卷，仅存 34 卷。唐代自贞观以来把全国分为十道，此书就以道分卷，道以下是府州，分别叙述了治所、沿革、户额、贡赋等内容。重点叙述了各地的山川河流、形势险要、农田水利等。全书共记河流 550 多条，湖泊 130 多个。李吉甫在书中对节度使控制的府州，都标明该地归某某节度使管辖和该节度使管辖的范围，以便引起人们的注意，达到削弱藩镇势力，维护全国统一的目的。此书还记述了各府州的户口资料，更值得令人重视的是书中列举了开元和元和年间的户额，不仅反映出了唐代户口分布情况，而且反映了安史之乱前后人口分布的变化。如河南道的汴、宋、亳、许、陈、徐等六州，元和时户额不到开元时的 1/10，而中州（治所在今河南信阳南）则仅为 1/34。但同时，有些地方人口有所增长，如江南道的苏、鄂、洪、饶、吉等五州人口均有大幅度增长，说明同一时期江南经济仍有所发展。这些材料对于研究唐代历史和地理，是很有参考价值的。另外，该书不只介绍了各府州的一般情况，而且对它们的府州界线、等级（当时按所在位置、辖境、人口、经济发展状况等，把府州划分为不同等级）、物产、八到（按八个方位到主要城镇的距离和路线）等都有记载。这是因为李吉甫想力求使此书更为实用，达到充分为政治、经济、军事服务的目的。

《理伤续断方》奠基骨伤学

《理伤续断方》是唐代蔺道人所著的骨伤科专著。

蔺道人（约 790 年—850 年），长安出家人。会昌五年（845 年），唐武宗诏令佛道僧尼 26 万余人还俗从事农业生产后，他隐居在江西宜春钟村，将所写的《理伤续断方》传给彭叟后又隐居他处，被人传为仙者，所以《理伤续断方》也有"仙授理伤续断秘方"之称。该书是我国现存最早的骨伤科专著，对前人的成就和他本人的经验作了较全面的总结，强调骨折的整复、固定、活动及内外用药的治疗原则，记载了骨折脱位的多种整复方法、全身麻醉药方和内服外用的治疗方剂，是中国骨伤科学的奠基之作，对后世骨伤科学的发展产生了巨大影响，至今仍有一定的指导和借鉴作用。

《理伤续断方》由"医治整理补接次第口诀""方论""又治伤损方论"三部分构成。第一部分有条文43段，全书载方名46首，实有方剂45首，共用药物160多种。

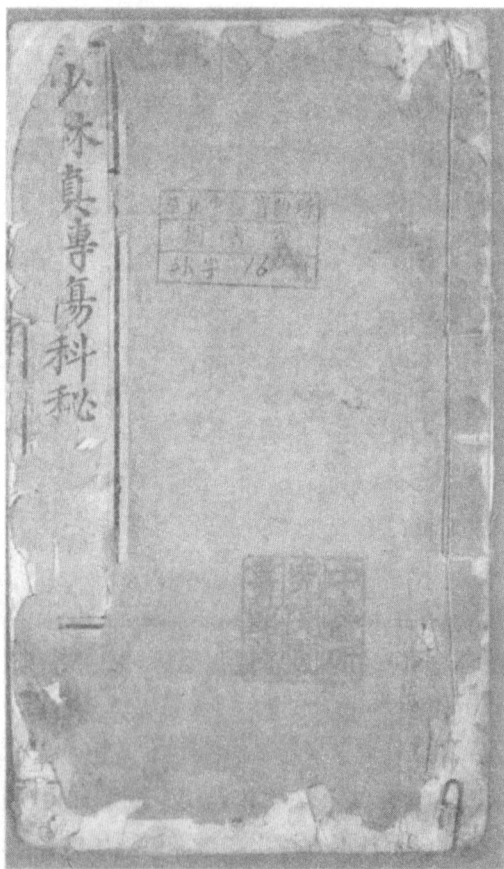

《少林真传伤科秘方》书影

《四时纂要》总结唐代农业技术

自《齐民要术》之后到隋末，大约有一个世纪时间，没有出现一本新农书。到了唐代后，农书的创作呈现出一派兴旺景象，整个唐代具有近40种左右的农书出现，这其中有些专业性农书。农书的增多，反映出农业生产的兴盛和普遍受到重视，专业性农书的出现，说明某些专业技术在这时期有了较大的进展。

《四时纂要》是唐末韩鄂撰写的。有关韩鄂，生卒年和身世不详，但可肯定，韩鄂家至少是中小田庄主，否则，他不可能"（遍）阅农书，搜杂识""撮诸家之术数"（《四时纂要序》）而编写出《四时纂要》。

《四时纂要》分四季十二个月，列举农家应做事项，是一部月令式的重要农书。书中资料大量采自《齐民要术》，少数则来自《氾胜之书》《四民月令》《山居要术》等，其中当然也有韩鄂自己的经验和体会。全书4.2万余字，共分为5卷，内容除去占候、祈禳、禁忌等外，可分为农业生产、农副产品加工和制造、医药卫生、器物修造和保藏、商业经营、教育文化六大类，重点为前三类，即农业生产是本书的主体，包括农、林、牧、副、渔，而又表现出以粮食、蔬菜生产为主的多种经营传统特色。书中所记述的农业生产技术，较前代有明显进步的有果树嫁接、合接大葫芦、苜蓿和麦的混种，茶苗和枲麻、黍穄的套种以及种生葱、种葱和兽医方剂等。另外还有种茶树、种薯蓣、种菌子和养蜂等，则是最早的记载。农副产品的加工制造，记述丰富多样，特别是在酿造方面有不少创新，如最早介绍利用麦麸制造"麸豉"，打破以前制酱先制麦曲、然后下曲拌豆的分次做法，而把麦豆合并一起制成干酱醅，合两道程序为一道，又将咸豆豉的液汁加以煎熬，作灭菌处理后，贮藏以作调味品，实为现在的酱油。此外，药酒、果子酒、冲水调吃"干酒"的酿制，品种多而具有特色，对植物淀粉的提制，从谷物扩展到藕、莲、芡、荸荠、葛、百合、茯苓、泽泻、蕨藜等。

《四时纂要》的最大特点，也是最大缺点，即占候、择吉、禳镇等迷信内容占全书将近一半的篇幅，这与唐代佛教密宗、巫术和道教的流行有关。另外，本书文字摘录过简，有时含混不清，间有失原意之处，但去芜存精，仍不失为一部有相当实用价值的农书。北宋天禧四年（1020年），它和《齐民要术》同时被推荐给朝廷刊印，颁发给各地劝农官，对指导当时的农业生产起了很大的作用。

张君房编道籍

张君房，安陆（今属湖北）人，景德进士，官至尚书度支员外郎、集贤校理等职。大中祥符（1008年—1016年）中从御史台谪官到宁海（今属浙江）。时真宗崇尚道教，将秘阁道书发付杭州，令戚纶校正，戚纶推荐张君房主持其事。于是张君房取朝廷所降道书及苏州、越州、台州等地旧道藏，同道士10人从事修校。天禧三年（1019年），编成《大宋天宫宝藏》七藏，共4565卷，用千字文编号，从天字到宫字，得466字以为函目。又取其精要，包括宗教宗旨、仙真位籍、斋戒、服食、炼气、内外丹、方术以及诗歌传记等万余条，辑成《云笈七签》122卷。均有功于保存古代道教典籍。

刘益创正负开方术

刘益，中山（今河北省定州）人，生活于11世纪初。他的《议古根源》是一部从讨论几何问题着手探求高次方程数值解法的专著，今已失传。幸好南宋数学家杨辉的《田亩比类乘除捷法》征引其中的22个题目，故今人得以有幸略知一二。杨辉说："刘益以勾股之术治演段锁方，撰《议古根源》二百问，带益隅开方实冠千古。"

高次方程数值解法是我国古代传统数学领域中最为引人注目的内容之一。刘益所创正负开方术，一言以蔽之"引用带纵开方正负损益之法，前古之所未闻也"，刘益假定方程首项系数均为1，并且考虑了许多含有"负方"或"益隅"的方程。即形如 $X^2-AX=B$（A>0，B>0）或 $-AX^2+BX=C$（A>0，B>0，C>0）。刘益解决方程的方法主要有两种："益积术"和"减从术"。以二次方程为例，$X^2-AX=B$（A>0，B>0），又设经试商已得到根的第一位得数 a，于是以 x=a+y 变换上述方程得：$(a+y)^2-A(a+y)=B$。将这个方程展开后有两种表示方法：$y^2+2ay-Ay=(B+Aa)-a^2$ 或 $y^2+[(a-A)+a]y=B-(a-A)a$。刘益称第一种表示方法为"益积法"，第二种表示法为"减从法"。这两种方法看来并无本质区别，但在处理具体问题时采用不同方法更为简练。

刘益在高次方程理论上的成就还在于，他认识到二次以上高次方程可以有不止一个正根（当时只取正根）。用代换法，将原高次方程变换为不同的方程式，逐一求根，则可以得出不同的正根，它们均为原高次方程的值。杨辉所引的 22 个问题中，有 7 个方程有多个正根。刘益根据实际需要，时而求出大根，时而求出小根，说明他对这一问题有明确认识。

刘益所创正负开方术，突破了以往方程系数仅为正数的限制，提出"益积法"和"减从法"来解决高次方程数值问题。这是中国方程发展史上一项重要的成就。

张君房算潮汐

张君房在祥符（1008 年—1016 年）中，经常到海边观察潮汐起落。他发现唐代窦叔蒙制定的《涛时图》有很多不当之处，有必要加以改正。原窦叔蒙的图表横坐标是依次罗列：朔、上弦、望、下弦、晦等各种月相，张君房将之"分宫布度"，即以黄道十二宫为准，把横坐标改变为以月亮在黄道上的视运动度数。窦氏图上的纵坐标是用子、丑等十二时辰表示，再分出初、正、末三小段时间，如初子、正子、末子等，张君房则改为"著辰定刻"，即把每天分为100刻，从36个时刻点扩大为100个时刻点，这就把时辰划分得更为详细。张君房推算出潮时每天推迟"三刻三十六分三秘忽"，即3.363刻。如果计算出一次潮时，下一次潮时就准确地知道了。

潮汐理论的进步，对沿海居民出航、捕鱼、生产、生活以及抵御自然灾害都起到了积极作用。

王惟一造针灸铜人

天圣五年（1027年），宋代著名针灸学家王惟一奉诏设计并主持铸造成中国最早的针灸铜人。王惟一（约987年—1067年），又名王惟德，曾任太医局翰林医官、朝散大夫、殿中省尚药奉御等职。所造针灸铜人又称"天圣铜人"，王惟一还编撰了针灸著作《铜人腧穴针灸图经》一书。

"针灸铜人"是用精铜铸造而成的针灸模型，工艺精巧，体形与正常成年男子相同，外壳由前后两件构成，内置脏腑，表面刻有人体手三阳、足三阳、手三阴、足三阴和任脉、督脉等14条经脉和657个腧穴。穴孔与身体内部相通。可供教学和考试用。考核时，用蜡涂在铜人外表，体腔内注入水或水银。当被考核者取穴进针时，如选择部位准确，刺中穴位，水银或水便流出来。这种精密直观的教学模型是实物形象教学法的重大发明，对针灸学的发展有着深远的影响。

针灸铜人共有两具，铸好后一具在汴梁（今河南开封）翰林医官院，另一具则存放于大相国寺仁济殿。南宋时，其中一具铜人不明去向。至明代正统八年（1443年），鉴于另一具铜人的经络、腧穴已模糊不清，难以辨认，明英宗朱祁镇遂命能工巧匠进行复制。此后，宋代针灸铜人这一珍贵的医学文物便失于记载，下落不明。

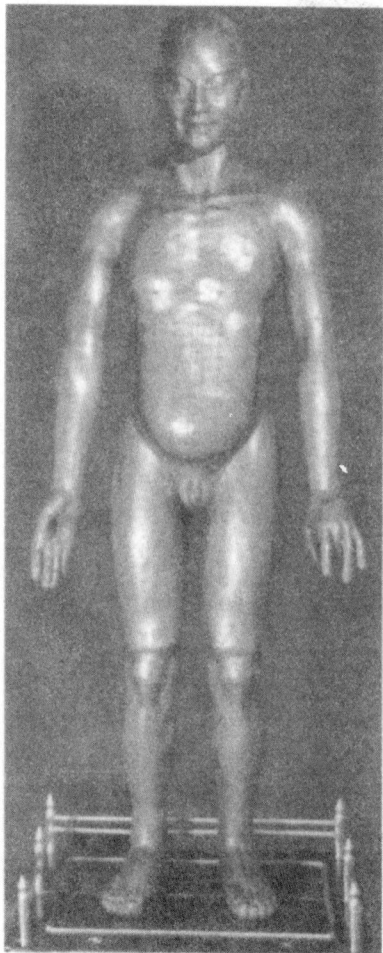

针灸铜人

针灸图经刻石

孙奭撰《律音义》

天圣七年（1029 年），孙奭撰写《律音义》一卷，与律文并行天下。

孙奭（962 年—1033 年），字宗左，博州博平（今山东茌平西）人，是宋代著名的经学家，曾经担任国子监直讲。仁宗即位后，召他为翰林侍讲学士、判国子监。孙奭还著有《律令释文》一卷。

宋仁宗天圣四年（1026 年），孙奭上奏言："诸科唯明法一科，律文及疏未有印本，举人难得真正习读。"认为由于律文及其注疏没有定印本，举子们不能真正研读，影响了明法一科的教学。仁宗闻奏之后，觉得这是一个问题，于是下诏命孙奭等一干人详细校理律文，到天圣七年十二月完成，并"镂版颁行"。孙奭又另外作了《律文音义》（又作《律音义》）一卷，仁宗下诏令崇文院雕版印刷，"与律文并行"。从此，学子们学习律文有了依据。孙奭身为经学大师，来研习律学，并且校理律文，撰写《律音文》一书以为明法教学之用。由此可见，法学的教授当时已经颇受到重视了。

毕升发明泥活字

庆历年间（1041 年—1048 年），毕升发明活字印刷术，实现人类印刷史上一次伟大变革。

毕升的生卒时间、籍贯及经历不可考。据《梦溪笔谈》卷一八载：毕升用胶泥刻字，字的厚度薄如铁钱，每字一印，用火焙烧使之坚硬而成活字。排版时，先在铁板上放置松脂、腊和纸灰，铁框排满活字后，再在火上加热至药熔

活字印刷检字拼版图

掉，用一块平板按压字的表面，使整版字平如砥，即可印刷。"若止印三二本，未为简易，若印数十百千本，则极为神速"。为了提高效率，通常准备两块铁板，一块用来印刷，一块则可排字。第一块印完后，第二块已准备就绪，这样可以交替使用，瞬息可成。每个字有几个字模，特别像"之"、"也"等字字模多达20个，以防同板内重复使用。如果有奇字，旋刻之，用草火烘烤，一会儿就能用。

毕升像

活字印刷的优点主要是减少反复雕刻字模的过程。雕版印刷时，每种书都要自刻一套印版，用过即作废，而泥活字印刷便可印刷许多书籍而不会磨损字模，从而大大提高印刷效益。后代的木活字、铜活字、铅活字均由泥活字发展而来。毕升发明泥活字，比德国丁·谷腾堡发明铅活字早400多年。活字印刷术的发明，是一次印刷史上的技术革命，在人类文明史上起过里程碑式的重大作用。

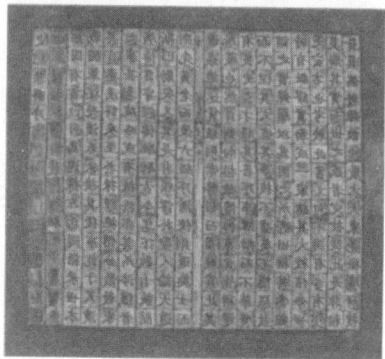
北宋泥活字版

张紫阳精研内丹

北宋道士张紫阳（984年—1082年），原名伯端，字平叔，天台（今属浙江）人。精读三教典籍，通晓刑法、书算、医卜、战阵、天文、地理、吉凶死生之术。曾为府吏，后因触律被遣戍岭南。治平年间，龙图阁学士陆诜镇守桂林，把他引置帐下。熙宁二年（1069年），他自桂林赴成都。传说遇到真人传授了金丹药物火候的秘诀（一说"遇青城丈人，得金液还丹之妙道"；一说"遇刘海蟾，授以金液还丹之诀"），于是改名为用成（诚），号紫阳山人。熙宁八年（1075年）作《悟真篇》，宣传内丹修炼和"三教合一"思想，对道教影响很大。南宋以后，张紫阳被奉为南宗祖师，列南五祖之首，称紫阳真人。

张紫阳著的《悟真篇》是内丹修炼的主要道教论著之一。与《参同契》齐名。他认为道、儒、释"教虽分三，道乃归一"，主张以道教修炼性命之说来撮合三教。该书把修命视为金丹修炼的重点。以诗、词、曲等体裁阐述内丹理论，提倡修炼内丹是修仙的唯一途径，而摈弃行气、导引、辟谷、房中术等方术。在修炼方法上，他强调寻真药、辨鼎器、明火候。所谓真药，不是外丹所用的三黄（雄黄、雌黄、硫黄）、四神（石、砂、铅、银）及草木药之类，而是"真种子"，即人身的精、气、神，又称"上药三品"或"三宝"。三宝经三步修炼才能成金丹：第一步是炼精化气，使精气结合而化成气，称为真铅或坎；第二步是炼气化神，即将元与神（为汞或离）合而炼成金丹；第三步炼神返虚，即通过修性，达到虚寂无为，与天地合，与宇宙同体的境界。这种由三变一的过程，称为《老子》"道生一，一生二，二生三，三生万物"的逆行，是老子之道的具体运用。

贾宪创形三角法

贾宪是北宋著名数学家、天文学家楚衍的弟子，生活于十一世纪中叶。他撰写了《黄帝九章算法细草》（九卷）、《算法敎古集》（二卷），均已失传。所幸杨辉著作征引其中一部分，得以为后人所知。

贾宪在数学领域有两大成就：增乘开方法和三角郎开方作法本源。前者是把刘益的正负开方术推广到一般高次方程的重要一步，后者既证明了增乘开方的正确性，又成为后世众多数学成就的源头。杨辉的《详解九章算法纂类》中记录四则术文"贾宪立成释锁平方法"，"增乘开平方法"，"贾宪立成释锁立方法"，"增乘（开立）方法"。

贾宪三角是指一个指数为正整数的二项式定理系数表。其算法为"左褒乃积数，右褒乃隅算，中藏者毕廉，以廉乘商方，命实而除之。"贾宪三角的结构具体解释为：它的每一行中的数学依次表示二项式（a+b）^{n}（n=0，1，2，…）展开式的各行系数。最外左、右斜线上的数字，分别是各次开方中积（a^n）和隅算（b^n）的系数，中间的数字"2"、"3、3"、"4、6、4"等分别是各次开方中的廉（积、隅、廉皆来自古代开方术的几何解释。以开平方为例，初商a的平方，在图形中是一个大正方形，称为"积"，次商b的平方在图形中是占据一角的小正方式，称为"隅"，而2ab位于图形两侧边，故称为"廉"）。贾宪创设"增乘方求廉法"即："列所开方数，以隅算一，自下增八前位至首位而止。复以隅算如前升增，递低一位求之。"如给定一个正数N开立方，相当于求解三次方程：$X^3=N$。列表为：

D	N	N–C^3	N–C^3	N–C^3
C	0	C^2	$3C^2$	$3C^2$
B	0	C	2C	3C
A	1	1	1	1

（1）　　（2）　　（3）　（4）

在这个基础上，贾宪给出了他的"开方作法本源"，即二项式系数表，并且明确地提出构造它的方法，相当于组合学中的公式：

$$\binom{n}{k}+\binom{n}{k+1}=\binom{n+1}{k+1}$$

贾宪三角为：

$$
\begin{array}{c}
1 \\
1 \quad 1 \\
1 \quad 2 \quad 1 \\
1 \quad 3 \quad 3 \quad 1 \\
1 \quad 4 \quad 6 \quad 4 \quad 1 \\
1 \quad 5 \quad 10 \quad 10 \quad 5 \quad 1 \\
1 \quad 6 \quad 15 \quad 20 \quad 15 \quad 6 \quad 1 \\
1 \quad 7 \quad 21 \quad 35 \quad 35 \quad 21 \quad 7 \quad 1
\end{array}
$$

贾宪开创高次方程数值解法新途径。这一三角形系数阵在 300 年后才为西方学者所认识。

沈括上三仪等

熙宁五年（1072 年），著名科学家沈括被任命为提举司天监，开始主持司天监工作。为了彻底改革旧历法，沈括将所著《浑仪》、《浮漏》、《景表》三篇科学文献上呈朝廷，并在文献中附有三种仪器的图案。朝廷采纳了他的学说，并令他对浑仪等三种观测天象的仪器进行精心的研究和加以改进，以达到改变历法的目的。至熙宁七年（1074 年）六月，沈括将制成的浑仪、浮漏两种仪器上呈宋神宗，宋神宗下令将它们安置在翰林天文院。其后，沈括被提升为右正言，宋神宗还赏赐他银、绢各五十两、匹。

沈括博学多闻，于天文、地理、典制、律历、音乐、医药等无所不通，著述近四十种。他还善于用人，任提举司天监时，大胆任用淮南人卫朴，并向宋神宗推荐卫朴，说他精通历法，于是宋神宗召卫朴至京城。卫朴上任后，立即上书分析以前实行的《崇天历》和正在实行的《明天历》的弊端，于是宋神宗任命他重新制定历法。卫朴利用自己所学知识制定了新的历法，历时五年。熙宁八年（1075年），沈括将卫朴所制定的《奉元历》上呈宋神宗颁发实行，直到宋哲宗绍圣初年才改用其他历法，废止《奉元历》。

邵雍创立先天象数学论

1077年，邵雍去世。

中国北宋哲学家邵雍（1011年—1077年）第一次把象数学、方法论与理学相融合，创立了别具一格的先天象数学。

邵雍，字尧夫，谥康节，祖籍河北范阳（今河北涿县），幼年随父迁居共城（今河南辉县），隐居于苏门山百源之上，潜心学问，共城县令李之才曾授以"物理性命之学"，即《周易》象数之学，邵雍勤奋探索，专心致志从事学术研究，以先天象数学著称于世，著作有《皇极经世》《渔樵问对》《伊川击壤集》等。他以《皇极

邵雍像

经世》来构建其象数学体系，以概括自然、社会、人生等宇宙间的一切，并用他的象数理论来探求、推论天地万物的本原和生成演变及人世之治乱。

邵雍把"数"看作是决定事物本质的东西，把象数系统看成是最高法则。他认为宇宙的本原是太极，太极生出天地，天生于动，地生于静，动之始生阳，动之极生阴，阴阳交互作用，形成日月星辰，静之始生刚，静之极生柔，刚柔交互作用形成水火土石。这就是说天地生于动静，天生阴阳，地分刚柔。

阴阳刚柔谓之四象。由于日月星辰水火土石八者的错综变化，即产生宇宙万物。太极为道、一、心、神，其实质就是精神本体，因而他的哲学思想属于客观唯心主义思想体系。

邵雍认为天地万物的生成变化是按照"先天象数"的图式展开的。其生成演化过程则为：道生一，一生太极，一生二，二为两仪；二生四，四为四象，四生八，八为八卦……直至无穷。他把先天象数归之于心，"先天象数，心也。"他所说的心即个人的心，也是宇宙的心。万物具有声色气味的特性，人的耳目口鼻具有接受声色气味的功能，人之所以灵于万物，最根本的原因是人能知天地万物之理。邵雍所揭示的宇宙万物的演变过程，是主观臆造的，他虽也讲事物的演变运动，有辩证合理的因素，但他所说的演变过程，是按一个所谓"加一倍法"的机械公式展开的，因而不可能真正揭示宇宙万物复杂演化的客观过程的规律。

邵雍还应用他的象数理论，拟构了一个人类社会发展的循环模式。他把天地从始至终的过程区分为元、会、运、世，以此为宇宙历史的周期，一元十二会，一会三十运，一运十二世，一世三十年。一元实际就是一年的放大，共十二万九千六百年。邵雍断定，世界的历史以此为周期，由兴盛到衰亡，周而复始，循环不已。天形成于元的子会，地形成于丑会，人产生于寅会。人类历史第六会已会，即唐尧之世，达到兴盛的顶峰，从午会开始，便由盛转衰，这就夏、商、周到宋的历史发展时期。到了亥会即第二十会，天地归终，万物灭绝，另一元，即另一周期又将开始。在一个周期内，历史是走下坡路的，由尧到宋，经"皇、帝、王、霸"四个阶段，一代不如一代。可见邵雍是位悲观的历史循环论者，他虽承认天地自然和人类历史都有其发展规律，都经过发生、发展和灭亡的过程，具有一定的科学性，但他在总结这一历史发展规律时，却以先天象数为根据，因而他的历史观具有神秘色彩和宿命论的特点。

邵雍与周敦颐、张载、程颢、程颐并称为"北宋五子"，对北宋理学的形成和初步发展作出了重大贡献。他的象数学虽是主观臆造的，但却反映出当时学术思想界的理学家们的一个积极愿望，希图通过象数理论来探求宇宙万物的背后有无本体的问题，以求回答宇宙万物的生成本原及其关系。

张载建立完整宇宙论

熙宁年间，哲学家张载在关中地区讲学，建立以气为本体的宇宙论，奠定了宋明理学的理论基础。

张载（1020年—1077年），字子厚，祖籍大梁（今河南开封），后随父迁到陕西凤翔郿县横渠镇，人称横渠先生，他的学派称为"关学"。张载少年时喜读兵书，也曾出入佛、老之学，后来专奉儒学。他以《易》为宗，以《中庸》为本，以孔孟为法，苦心探究儒家经典，经过多年的思考，形成了他自己的思想体系。张载的思想集中体现在《正蒙》一书中，蒙即蒙昧未明，正即订正，正蒙意即从蒙童起就加以培养。张载著此书的目的是用儒家学说批驳释、道思想，为此他吸收《易》的辩证法思想和中国古代气一元论的哲学观念，创立气一元论的哲学，由此建立了完整的宇宙论。

张载像

张载把气作为宇宙的本体，广大无形的虚空（太虚）是气散而未聚的原始状态。道只是气化过程中表现出来的一些规律。一切具体事物都是由太虚之气凝聚而成。气聚而成万物，气散而归太虚，气有聚散而无生无，太虚与万物都是气的不同形态。在此基础上，张载提出"太虚即气"的命题，驳斥佛、道两家的虚无主义思想，他还用冰与水的关系比喻太虚与气的关系，以此批驳道家"有生于无"的观点和佛道"一切唯心造"的学说。

既确立了气的本体地位，张载又用"一物两体"的辩证学说阐明宇宙万物的生无变化过程。他认为气本身包含有相互吸引、相互排斥的两个方面，由气构成的具体事物都是阴阳两个对立面的统一体。"一物两体"包含着对立与统一的辩证关系，张载用"一故神"、"两故化"来解释这种关系：在统一体中才有阴阳相感的变化之机，只有阴阳相感才能促使统一体发生变化。张载所描述的是一个生生不息、变动不居的宇宙，气是宇宙万物统一的本体。

由气一元论的宇宙观出发，张载提出了人性论和认识论，并且形成了以宇宙论为基础的道德学说，这些学说构成了一个完整的宇宙论体系。张载从宇宙论出发说明人性，认为人同物样都是气聚而成，气的本来状态构成人的"天地之性"，它纯一至善；同时，人禀受阴阳之气生成，又有驳杂不纯的"气质之性"，构成不善的根源。"天地之性"与"气质之性"并存于人，所以人们应该通过道德培养，保存"天地之性"，克服各种欲望，以改变气质，达到民胞物与的境界。与"天地之性"和"气质之性"相应，张载提出了"德性之知"与"见闻之知"的区别。他认为除了以感官经验为基础的"见闻之知"外，还有一种超过感性认识的更高层次的"德性之知"。德性所知不依赖于感觉经验，它凭借道德修养而能穷神知化，与天为一。可见，他把认识论与道德修养紧密结合，人生的至高境界也要靠道德修养来体证。很明显地与佛、道思想划清了界限。

张载是有宋以来第一个从理论高度全面辟佛、道的儒家学者，他的思想体系是宋明理学发展的雏形，对程朱理学的建立有很大影响。张载所创立的"关学"是理学开创阶段的一个主要学派，曾一度与"新学"、"洛学"鼎足而立。"关学"学者学贵致用，反对空谈，大都有治国于天下的抱负，对南宋的事功学颇有影响。

张载死后，"关学"分化，到南宋时，这一学派已不存在。"关学"学者的著作今存有张载的《正蒙》《横渠易说》《经学理窟》等，吕大均的《吕大乡约》、吕大临的《中庸解》、张舜民的《画墁集》以及李复《潏水集》等。

沈括著《梦溪笔谈》

元丰五年（1082年），西夏攻永乐（今陕西省米脂县西）、绥德（今陕西省绥德县）二城，沈括奉命力保绥德，因永乐失守，连累坐贬。元祐三年（1088年）退居润州（今江苏省镇江市），筑梦溪园，在园中开始撰写《梦溪笔谈》。

沈括（1031年—1095年），字存中，钱塘（今浙江省杭州市）人。中国北宋科学家。熙宁年间曾积极参与王安石变法运动。熙宁九年（1076年）任翰林学士，权三司使。

沈括像

《梦溪笔谈》是一部百科全书式的光辉著作，无论在中国还是在世界上都享有很高的声誉。该书共26卷。又《补笔谈》3卷，《续笔谈》1卷。以笔记为体裁，分故事、辨证、乐律、象数、人事、官政、机智、艺文、书画、技艺、器用、神奇、异事、谬误、讥谑、杂志、药议十七目，

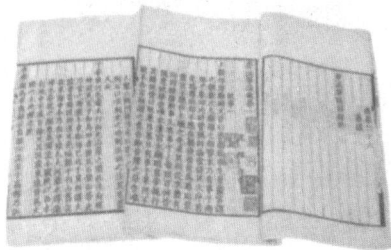

《梦溪笔谈》清刊本

凡609条。其内容涉及物理、天文、数学、化学、生物、地质、地理、气象、医学、工程技术、文学、史事、音乐、美术等。其中涉及的自然科学部分总结了我国古代，尤其是北宋时期自然科学的成就，详细地记载了劳动人民在科学技术方面的贡献。沈括在书中首次指出了地磁场存在磁偏角；最早记载了一种简便的人工磁化法，即"以磁石磨针锋"造指南针；详细论述了指南针的四种装置方法；首创了分层堰法测量地形；最早提出"石油"这个科学的命名，沿用至今；提出了完全按节气来定一年的日历安排的方案等。

苏颂制造天文仪器

水运仪象台复制品，西方学者把这座小型天文台看成是中世纪天文钟的祖先。

苏颂（1020年—1101年），中国宋代著名的天文学家，字子容，福建泉州南安人。他主持制作水运仪象台并撰写设计说明书《新仪象法要》，书中收录其绘制的中国历史上最重要的星图之一——全天星图，他还改造了天象仪的鼻祖——假天仪，反映中国古代天文学高峰时期的杰出成就。

苏颂从小就熟读《四书五经》，22岁中进士入仕途，终身从政，担任过馆阁校勘、集贤校理、刑部尚书、吏部尚书及宰相。元祐元年（1086年）他奉命校验新旧浑仪，在吏部守当官韩公廉的帮助下，于元祐七年（1092年）集合一批工人制造出一座把浑仪、浑象和报时装置三组器件合在一起的高台建筑，整个仪器用水力推动运转，经变速和传动装置使三部分仪器联动，浑仪和浑象可自动跟踪天体，又能自动报时，后称水运仪象台。仪器共分三层，约高12米、宽7米，上狭下宽，底层是全台的动力机构和报时钟，中层密室内旋转着浑象，上层是屋顶可启闭的放置铜浑仪的观察室。这是当时世界上最高水平的天文仪器，对世界天文学的发展起过举足轻重的推动作用。它是世界上最早出现的融测时、守时和报时为一体的综合性授时天文台，是保留有最早详细资料的天文钟，可能是欧洲中世纪天文钟的祖先，而水运仪象台上层的铜浑仪是典型的赤道装置，代替望远镜的是一根望铜，这一发明比英国威廉·拉塞尔和德国夫朗和费在望远镜上使用转仪钟早了 8 个世纪。它也是世界上首次采用活动天窗观测室的仪器，现代天文台观测室的天窗都活动启闭，既方便观测又便于保护仪器，水运仪象台上层放铜浑仪的小屋，其屋顶就可开合。它是世界文明史上无与伦比的一颗明珠。

苏颂为能更直观理解星宿的出没，又提出设计一种"人在天里"观天演示仪器，即假天仪，它是用竹木制成，形如球状竹笼，外面糊纸，按天上星的位置在纸上开孔，人在黑暗的球体里透过小孔的自然光，

苏颂像

好像夜幕下仰望天空。人悬坐球内扳动枢轴，转动球体，就可以设身处地地观察到星宿的出没运行。

而近代的天象仪是通过小孔发光射到半球形天幕上来演示星空的，因而假天仪是近代天文馆中使用天象仪进行星空演示的先驱。

沈括去世

宋哲宗绍圣二年（1095 年），科学家沈括去世。

沈括（1031 年—1095 年），杭州钱塘人，字存中。他是个天生的科学家，其成就都是在仕宦之余完成的。熙宁七年（1074 年），他任河北西路察访使；九年（1076 年）改任翰林学士、权三司使；元丰三年（1080 年），拜官为鄜延路经略安抚使；五年（1082 年），因永乐城之败贬官，晚年安居润州（今江苏镇江）梦溪园。

沈括博学多闻，在物理、数学、天文、生物、医学上都有重要贡献。数学上他创"隙积术"（二阶等差级数求和法）和"会图术"（求弧长的近似公式）。物理上他发现地磁偏角的存在，比欧洲早 400 余年。他的"秋石方"记载了世界上最早的荷尔蒙制剂的制备方法。他还创制了科学的十二气历；意

识到石油的价值，表现了卓越的科学见识。

他晚年写成的科学名著《梦溪笔谈》记载了丰富的科学见闻和沈括本人的科学发现和认识。而北宋的许多科技发明，如活字印刷术、指南针应用术等也赖此书记载而流传。《梦溪笔谈》不仅是中国古代的科学巨著，在世界科技史上也有重要地位。

杨介作《存真图》

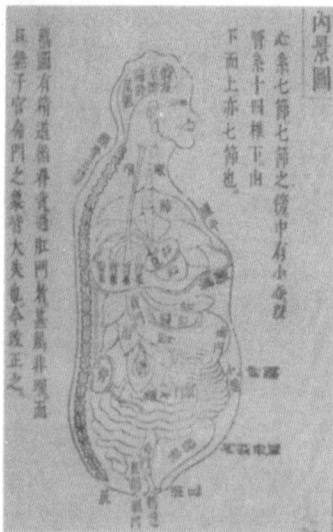

《内景图》，源于宋代杨介的《存真图》，反映人体内部的结构形式。

《存真图》原名《存真环中图》，为泗州（今江苏盱眙）医家杨介所撰。北宋崇宁年间（1102年—1106年），泗州处决犯，郡守李夷行让医生及画工对犯人尸体解剖胸腹，察验脏腑，并一一绘制成图。杨介在这些图的基础上，又参照古本，取烟萝子所画，增加上十二经脉图，遂撰成《存真环中图》。"存真"指五脏六腑图，"环中"指十二经脉图。它和《欧希范五脏图》是北宋时期我国人体解剖学的宏伟巨著。

杨介的《存真图》从不同侧面描绘了胸腹脏器官的解剖位置和形态。如"人身正面图"描绘了喉结、肺、心、膈、肝胆、脾胃、小肠、大肠、膀胱、尿道等胸腹腔的正面观；"人身背面图"描绘了肺、肝、脾胃、左肾、右肾、小肠等胸腹腔的背面观；"心气图"描绘循环系统，绘出了心脏、出入心脏的血管及连属的脏腑；"气海膈膜图"绘出了横膈及穿过横膈的血管、食管形态；"脾胃包系图"描绘消化系统；"分水阑门图"描绘泌尿系统。在侧面图上，还绘出了脑髓、脊髓及其之间的联系。

　　杨介的《存真图》对后世影响很大，孙涣的《玄门脉诀内照图》（1273年）、朱肱《内外二景图》（1118年），施沛《脏腑指掌图（1546年）、高武《针灸聚英》（1546年）、杨继洲《针灸大成》（1601年）、钱雷《人镜经》（1606年）、王圻《三才图绘》（1607年）、龚届中《万寿丹脏腑篇》（1630年）等书，都直接或间接引用了杨介《存真图》的图形和注文。

　　《存真图》可惜在清代已失传，但可以从《玄门脉诀内照图》中知其大貌。从现代解剖学的角度来看，虽然《存真图》不够精细，但在当时无疑是一项重要的医学成就。

钱乙奠基中医儿科

　　1113年，宋医学家钱乙去世。

　　钱乙（1032年—1113年），字仲阳，郓州（今山东东平）人，北宋著名的儿科专家。他在儿科理论方面取得了重大成就，《钱氏小儿药证直诀》一书，成为中医儿科的奠基之作。

　　钱乙出身于医学世家，从小刻苦学医，精通本草诸书，用方不拘泥于古，大胆试验，采用新法，以擅治儿科疾病闻名。宋神宗元丰（1078年—1085年）中，因治愈长公主之女疾和皇子瘛疭，授翰林医学，擢太医丞。钱乙死后，1114年，其门人阎孝忠将他几十年来治疗儿科病的心得经验整理成《小儿药证直诀》（亦称《小儿药证真诀》、《钱氏小儿药证直诀》）。在这本被誉为"幼科之鼻祖"的著作中，全面论述了小儿的生理病理特点及临床证治，总结出"面上证"和"目两种望诊法"，通过审视小儿面部及目睛色泽来判断疾病，又用前人脏腑证候分类法，来辨治小儿病证。他依据小儿"脏腑柔弱"，"五脏六腑成而未全，全而未壮"的生理特点和患病"易虚易实，易寒易热"的病理特点，以及小儿难以主诉病情，脉诊又难以作凭据的特殊情况，在治疗上以"柔润"为法则，力戒"痛击"、"大下和蛮补"，做肾脾方面的调养。

他用"导赤散"治疗小儿心热，用"六味地黄丸"治肾虚，用"异功散"治消化不良等，这些都是佳效良方，至今仍为后人所常用。

《小儿药症直诀》是钱乙一生的医术总结，此书理论联系实际，突出脏腑辨证思想，堪称中医儿科学的奠基之作。

赵明诚编《金石录》

北宋赵明诚编撰的《金石录》是标志金石学创立的一部重要著作。

《金石录》

赵明诚（1081年—1129年），字德文，密州诸城（今山东）人，历任莱州、淄州、建康、湖州知府，后因病去世，年仅48岁。就卒年来看，他晚于欧阳修43年，早于郑樵47年。由此也可以看出宋代金石学发展的情况。

《金石录》共30卷，前10卷是赵明诚收藏的2000件金石铭刻的目录，后20卷是他为部分藏品撰写的跋尾，共502首，只占全部收藏的四分之一。赵明诚在《金石录·叙》中说，他从小喜爱收集观赏金石刻文，从而增长了很多知识。后来得到欧阳修的《集古录》，一读再读，十分喜爱，认为它对于史学贡献很大。可惜其中有些遗漏，编目上又未注意年代时序，因此想再著一本专书以补充《集古录》的不足。他用了20年时间收集整理，作撰述上的准备。在《叙》中他还从理论上阐述了金石刻词在历史文献上的价值及其在考古史中的作用，与欧阳修的《集古录·序》比较，具有更加明确的史学理论性质。这是宋代金石学向前发展的标志。

《金石录》的内容上起夏商周，下至五代，书后有赵明诚夫人李清照于绍兴二年（1132年）所撰写的跋文，文辞婉转，寓意深沉。书中所撰写的跋尾之文，体例大多仿照《集古录》，也常常引用欧阳修的论断，而又往往提出一些不同见解，或对欧阳修的说法给予补充。例如卷二三《唐温彦博碑》跋尾中引用了《集古录》中关于温彦博兄弟名与字的置疑后再引《颜氏家训》，指出当时江南讳名不讳字，尤其河北人名也可呼为字，这是当时的风俗，因此温氏三兄弟的名字不一定有误。再如卷二八《唐杜济墓志》跋尾言"但云颜真卿撰而不云书"，欧阳修认为是颜真卿撰写的，但不一定是他亲笔书写，赵明诚则认为碑文字划奇伟，决非他人可书。这些都说明了《集古录》对《金石录》的影响，也说明《金石录》对《集古录》的发展，总的看来，《金石录》在订正、补充史传谬阙方面超过了《集古录》。

《金石录》与欧阳修的《集古录》同是宋代金石学创立的标志，为历史文献学填补了一项空白。

陈旉著《农书》

南宋绍兴十九年（1149年），陈旉著成《农书》。它所反映的是南宋初长江下游三角洲的农桑经营情况，是一本典型的地方性农书，也可视为一部自耕农和小经营地主的生产经营和技术指导手册。学者们对《农书》评价甚高，认为它可以与《氾胜之书》《齐民要术》《王祯农书》《农政全书》等并列为我国一流的古农书。它有许多独特的创见和发明，内容丰富多彩。

《农书》

陈旉《农书》是以江南一个农业区域或一个具体农场为研究对象，虽然连序、跋在内才一万二千余字，但书的结构表现出了江南泽农特点的一个相当严谨的整体，作者似乎是试图追求一个新的完整的农学体系。全书分上、中、下三卷，上卷没设篇名，内容是论述土地经营管理和作物栽培，重点讨论水田生产但也兼及旱地的耕种为全书主体；中卷《牛说》，论述耕牛，实际上是水牛的经济地位、饲养管理，以及牛病的防治，这是所有现存农书中第一次用专篇系统研究耕牛的问题；下卷蚕、桑，讨论蚕、桑的培育管理。把蚕桑作为农书的一个重要问题来研究，也是此书所开先例，并对以后的农书有深远的影响。最能体现出其体系严谨的是他上卷诸篇的编次，按实际耕作过程中先后当考虑的问题而贯穿为一个有条理的有机整体，分别论述了"财力之宜"、"地势之宜"、"耕耨之宜"等"十二宜"。正如作者在后序中所说，其目的是使"览者有条而易见，用者有序而易循"。

陈旉本人是一个杂糅释、儒、道思想的全真教道徒，《农书》中用以解释农学原理的哲学思想也较驳杂，有"农本"、"圣人"之训、阴阳五行学说等，而其核心的指导思想仍是以"天、地、人"为内涵的"三才"哲学思想，这与其他农书一样。陈旉对农业生产的一般原理进行较高理论性的探索，常用自己的语言表达心得体会，表现了其独创性。陈旉把"人力"的作用放在首位，看作是整个农业生产的核心。对于"地"，注重统筹观察与利用，特别强调施肥对于提高地力的重要性。论述"天时"，他把"天"、"地"、"时"紧密结合起来谈，反映出他对三者相互作用的关系的深刻认识。

陈旉在《农书》中对土壤和施肥理论的发展有突出的贡献。陈旉以前的农书对于施肥的方法的论述很贫乏，似乎是只有基肥一种，只强调绿肥的使用。陈旉在《粪田之宜》等篇中介绍了火粪、发酵的麻枯、粪屋积肥、沤池积肥等积肥方法，其指导思想是开辟肥源、多积肥料，增进肥效、避免损失，大大地丰富发展了我国古代土壤、肥料学的理论。

陈旉《农书》还有一个与其他农书不同的特点是，它不仅仅记述耕作、栽培等生产技术，而且还注重对农业进行经营管理。并且形成了比较系统的经营管理思想。这些思想来自于他自己经营管理的实践活动中。

他认为，农业经营要有整体的观念和进行通盘筹划，要有计划、有步骤。要充分利用同一块土地，多种经营，使"种无虚日"、"收无虚月"。还得注重农业技术的应用，重视农具和动力，提高工作效率。这种系统的经营管理思想对后世影响深远。

郑樵总结文字学

　　宋代"大小二徐"《说文》本的流行，大大促进了文字学的发展，利用六书理论全面研究汉字构形系统的"说文学"逐步兴起。南宋郑樵是六书研究的代表人物。

　　郑樵（1103 年—1162 年），字渔仲，福建莆田人，是宋代史学家、语言文字学家，他勤于著述，聚书数千卷。所著《通志》200 卷，在史学中独具一格。《通志》中的《六书略》是解说汉字构造理论的，首创六书分类学。六书即许慎《说文解字叙》所说的指事、象形、会意、谐声、转注、假借 6 种造字的方法和原则。《六书略》不仅把六书都分别举例，按六书将全书编次，而且又细加区分，如所谓"形兼声"、"形兼意"之类，增多至 12 类。这样改变了《说文》按部首排列的体系，专用六书分别排列汉字，在《说文》之外，另辟了一条研究汉字的门径。自此以后，六书学蔚然成风。元代戴侗有《六书故》，周伯琦有《六书正讹》，杨桓有《六书统》《六书溯源》，明代魏校有《六书精蕴》，赵㧑谦有《六书本义》，赵宧光有《六书长笺》等。

　　《六书略》还以独体为文、合体为字的原则析字、归字，立 330 母为形之主，870 子为声之主，合为 1200 文，作为汉字构形的基本单位，企图以母子相配，合成一切汉字。这种归纳汉字系统的做法，体现了郑樵试图以少量独体字作最小构形单位，按照一定规则将它们组合构成整个汉字系统的理论构想。他的以有限手段归纳一个无限运用的汉字系统的设想和实践，对现代电脑汉字系统的建立有很大启发。

　　另外，他对文字的演进趋势有较独到见解，在该书的《六书序》里说："象形指事一边，象形别出为指事。谐声转注一也，谐声别出为转注。二母为会意，一子一母为谐声。六书也者，象形为本。形不可象，则属诸事，事不可指，则属诸意；意不可会，则属诸声；声则无不谐矣。五不足，而后假借生焉。"郑樵对文字学的总结，于此也可见一二。

郑樵建立校雠学理论

郑樵《通志》的《艺文略》和《校雠略》，完成了他的校雠学理论。郑樵在著《通志》的同时，还进行考查亡书的工作，这使他对天下图书的存亡、九流百家的源流有了更为全面的认识。为校雠学理论的创立打下了坚实的基础。

校雠学是我国古代治书的一种专门学问，研究对象包括目录学和图书馆学。郑樵收录古今目录中的书籍编成《艺文略》，得出十二类的分类法，即所收图书分为经、礼、乐、小学、史、诸子、天文、五行、艺术、医方、类书、文等十二类，类之下分157家，家之下又分282种。这种分类方法既不受四分法（经、史、子、集）的羁束，又冲破了五分、六分、七分、九分等法的藩篱，在中国目录史上独树一帜。郑樵在《校雠略》中总结了他编志书的经验，认为以前国家收集图书不得其法，进而提出即类以求、旁类以求、因地以求、因家以求、求之公、求之私、因人以求、因代以求的"求书八法"，目的是要使政府藏书尽可能完备，天下无亡书。他认为不论是著书、校书还是修书，要想收到显著成效，提高质量，就必须选贤任能，并使校雠之官能"文其任"作为终身职业。他的目录学观点总其大要，约有五点：一是目录学的任务在于分清学术源流，使百家九流各有条理，"上有源流，下有沿袭"。二是应通录古今书籍，"纪百代之有无，广古今而无异"。三是目录应通录和求全，但通录中应注重近代之书，古代图书可稍略。四是编制目录，不妨用众手成之。五是发扬学术上的批评精神。他还反对前人著录以断代为准的方法，提出艺文志不但要记现存文献，而且要记亡传文献。

郑樵在校雠学上作出了"石渠、天禄以还，学者所未尝窥见"的贡献，起到了承先启后的作用。他不仅进一步阐发了刘向刘歆父子的校雠之义，而且为章学诚的《校雠通义》开辟了道路，在我国古典文献学、目录学理论中占有重要地位。

陈自明系统性整理妇科医术

南宋嘉熙元年（1237年），妇产科兼外科医家陈自明广泛采摭诸家之善，结合家传的医方，编成《妇人良方大全》一书，成为中国现存最早的、具有系统性的妇产科专著。

陈自明（约1190年—1270年），字良甫，临川（今江西抚州）人。世医出身，医术精湛，医德高尚，曾受聘任建康府明道书院医学教授。他在长期的医疗实践中，认识到医妇人之病，特别是妇人生产时的一些疾病非常危险艰难，而当时的妇产科书籍散漫无纲，分类简略，所选病症又不齐备，影响

陈自明像

具体的医疗实践和专科医术的进一步提高。鉴于此，在编写《妇人良方大全》时，便力求在前人基础上"补其偏而会其全，聚其散而敛于约"。全书分为八门，顺序为调经、众病、求嗣、胎教、妊娠、坐月、产难、产后。每门分列若干篇论，总计约266论，论后介绍方药主治，内容条理清晰而又妇产兼备。书中突出了"效"，即实用性。在论述诸病时着重概括受病之由，阐述症候特色，并附有医案，可供临床借鉴参考。而且在选方时不分贵贱，注意吸取一些民间验方与中草药的治疗经验，加强实用价值。书写成后，影响深远，流传广泛，并有一定国际影响，为后世妇产科的发展发挥了重要的承上启下作用。但原书中存在的一些封建唯心观点，如妊娠门中的"转女为男"，坐月门中的"禁草法""禁水法""催生灵符"等，须批判地对待。

1263年，他又编成《外科精要》（一名《外科宝鉴》）3卷，集55论，选方70首。书中全面地论述了痈疽病因、病机、诊断、预后，并针对当时外科医生只重对病阅方，不重医理辨证，疗效很差的弊病，强调辨证选方，如反对拘泥于热毒内攻之方，而专用寒凉攻乏之剂等，使《外科精要》成为南宋很有代表性的外科专著。

秦九韶著《数书九章》

1247年，南宋数学家秦九韶，写成《数书九章》，对数学的重要性、应用的广泛性做了精辟的论述，认为它足以揭示自然界的各种规律，描述万事万物的情状。

秦九韵，其父秦李榴曾任四川巴州太守、工部郎中、秘书少监、四川潼川府知府等职，秦九韶自小随父受过良好启蒙教育。秦九韶清楚地认识到数学在计算历法、度量田域、测量雨雪、军事部署、财政管理、建筑工程、商业贸易中的作用。他注意搜求生产、生活、交换及战争中的数学问题，"设为问答以拟于用"。1244年，秦九韶因母丧回湖州守孝，这一时期专心数学研究。1247 年，写成《数书九章》，南宋时称为《数学大略》或《数术大略》，明朝时称为《数学九章》。

《数书九章》全书共 18 卷，约 20 万字，收入 81 题，分为九大类。第一，大衍类：集中阐述他的重要成就——"大衍求一术"，即一次同余式组解法。他总结历算家计算上元积年方法，在《孙子算经》"物不知数"的数学模型基础上，系统地提出了一次同余式组解法。大衍求一术的发明具有重大意义，在欧洲，550 年以后经过欧拉、拉格朗日、高斯几十年努力才达到同等水平。第二，天时类：关于历法推算及降雨降雪量测算。第三，田域类：面积问题。第四，测望类：勾股重差问题。第五，赋役类：均输及相税问题。第六，钱谷类：粮谷转运和仓库容积问题。第七，营建类：建筑工程问题。第八，市易类：交易及利息问题。这 81 题均包括答（答案）、术（解决方法、依据）和草（演算过程）。

秦九韶在高次方程数值解法方面成就尤为突出。他以"增乘开方法"为主导求高次方程正根。他运用这种方法解决 21 个问题中高次方程 26 个，其中二次方程 20 个，三次方程 1 个，四次方程 4 个。他还用勾股差算出一个十次方程。这是继刘益、贾宪之后，建立起求高次方程正根的一般方法。

秦九韶将贾宪开创增乘开方法发展到十分完备的地步。在开方中，他发展刘徽开方不尽求微数思想。这些思想远远领先于西方数学界几百年。

秦九韶第一次用十进小数表示无理根的近似值。《数书九章》卷五中"三斜求积题中"秦九韶提出已知三角形三边 a、b、c 求面积的公式：设 a<b<c。

$$A = \sqrt{\frac{1}{4}\left[a^2 \cdot b^2 - \left(\frac{a^2+b^2-c^2}{2}\right)^2\right]}$$

这个公式与古希腊数学家海伦提出求任意三角形面积公式：

$$A = \sqrt{s(s-a)(s-b)(s-c)},$$

$$S = \frac{1}{2}(a+b+c)$$

是等价的。这在中国数学史上是具有特色的一项数学成就。

秦九韶《数书九章》体现了他深刻的数学思想，他明确把数学划分为理论基础与具体应用两部分，进而探讨多种数学方法。

秦九韶的杰出成就，被美国科学史家萨顿誉为"他那个民族、他那个时代，并且确实也是所有时代最伟大的数学家之一"。

宋慈开创法医学

宋慈像

宋代，法医学作为一门独立学科的条件已初步具备。宋慈在此时对中国古代法医学的发展作了全面总结，写成《洗冤集录》一书，开创了法医学，宋慈也由此成为"法医学之父"。

早在战国时期，在诉讼活动中就已有法医检验参与其间，《礼记》中对法医的检验活动有所记载。秦汉时期，司法中法医检验活动已成为刑事诉讼中不可缺少的环节，相当频繁，法医检验也开始理论化。隋唐时期，随着司法制度的完备与成熟，以及古代医学水平的提高，法医检验开始在立法与司法中占据重要地位。五代和氏父子的《疑狱集》，以及北宋郑克《折狱龟鉴》等折狱书的相继问世，也都为法医学的成熟提供了现实条件，南宋宋慈编撰《洗冤集录》，标志着法医学作为一门独立学科的开创。

宋慈（1186年—1249年），字惠父，福建建阳人，南宋宁宗朝进士，历任多地行政、司法官员。他一贯严肃认真地对待司法审判，尤其重视刑事案件的现场勘验。宋慈反对国家委派一些新入仕途、没有实际经验的官员和一些武官去处理重大命案，认为这些人难免造成冤案、错案。为了"洗冤泽物"，他特采撷前人折狱著作中有关法医检验的案件实例，结合自己的实践经验，"会而粹之，厘而正之"，加进自己的意见，总为一编，这就是《洗冤集录》。

《洗冤集录》是中国最早的一部比较完整的法医学专著，也是世界上第一部法医学专著，比意大利人佛图纳图·菲德利（Fortunato Fidelis）所著的欧洲第一部法医学著作要早350多年。此书的最早版本是宋理宗淳祐七年（1247

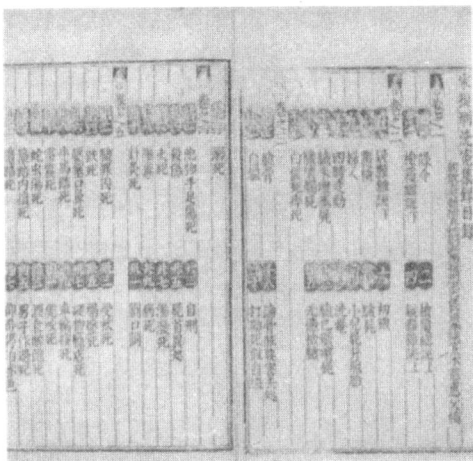

《洗冤集录》书影

《洗冤集录·验尸图》

年）宋慈于湖南宪治的自刻本。该书一出，皇帝立即命令颁行全国，成为南宋王朝及后世办理刑案官员的必读本，据钱大昕称，该书一直被"官司检验奉为金科玉律"（《十驾斋养新录·洗冤录条》）。

《洗冤集录》共5卷，53目，每目下又分若干条。全书共有四部分，其第一部分是将宋代历年公布的同法医检验有关的法令汇总，辑为"条令"目，共29条，都是针对检验官制定的法律规定，凡是违犯者都要承担法律责任，这说明宋代司法中的法医检验已有法可依，已经法律化了。第二部分是检验总论，包括法医检验人员的一般办事原则、检验原则以及技术操作程序等，说明宋代法医检验已有章可循，已规范化。第三部分是关于验尸、验骨、验伤、中毒等各种死伤的检验和区别的方法。第四部分里有关各种急救的方法和药方，包括对自缢、溺水、冻死、杀伤、胎动等数十则。

《洗冤集录》中不少内容符合近代法医学原理，有许多具有相当科学水平，对法医检验很有价值。它提出了即使在今日法医检验中也须遵循的法医检验的一般原则，如实事求是、不轻信口供、调查研究、验官亲填"尸格"等。该书所论述的法医检验范围和项目与现代法医学所论述的基本一致。如现代医学对人的非正常死亡，定为机械性死亡、机械性窒息、高低温致死等，该书则定有"刃伤物灭、手足他物伤、缢死、勒死、溺死、掐死、烧冻死"等。对于各种死伤的疑难辨析，有许多是符合现代医学、生理学原理的，如对溺死、烧死、缢死者在不同状况下的不同特点，作了细致、形象的描述，多与现代法医学相同。

宋慈之后，元、明、清各代都有不少类似的法医学专书问世，但"后来检验诸书，大抵以是为蓝本而递相考究，互有增损，则不及后来之密也"（《四库全书总目·子部·法家类》）。明代以后，朝鲜、日本、法国、英国、德国、荷兰先后翻译出版《洗冤集录》，该书在国际上广为流传，是中华民族对世界法律文明发展的一大贡献。

赵友钦做光学实验

13世纪中叶，赵友钦设计和实施了小孔成像实验。赵友钦（13世纪中叶~14世纪初），自号缘督，饶州鄱阳（今江西省波阳县）人。

中国宋末元初的科学家。其著述颇多，但大都失散，唯留《革象新书》五卷。此书以讨论天文问题为主，兼及光学和数学，有不少精辟的论述。其中"小罅光景"节便记载了这一实验。

赵友钦以楼房为实验室，在楼下相邻两个房间的地上各挖一个直径约为4尺多的圆阱，右阱深4尺，左阱深8尺。实验时，在左阱中可安放一张4尺高的桌子。另在两块直径4尺的图板上各密插1000多支点燃的蜡烛，放在阱底（或桌面上）作为光源。再备中心开孔的大小和形状各不相同的木板若干块，实验时根据需要选取分别盖在两阱口。每个房间楼板下各水平挂一块大木板做像屏。在这个实验室中，赵友钦进行了如下步骤的实验：改变孔的大小和形状，即改换阱口的木板；改变光源的形状和强度，即抽减蜡烛；改变像距，即改变大木板高度；改变物距，即拿掉左阱中的桌子，将光源放在阱底。这样，在只有一个条件不同的情况下，进行对比试验，对每个参数逐一进行探讨。赵友钦总结指出：物距、像距、光源和孔窍都影响像的大小和浓淡；在孔大时，所成的像（明亮部分）与大孔形状相同；孔小时，所成的像与光源的形状相同。另外，他还注意到两个参数同时变化时的相长相消现象。

这是中国历史上记载最详、规模最大的物理实验，这样大规模的光学实验当时在世界上也是绝无仅有的。

扎马鲁丁作《万年历》

扎马鲁丁著的《万年历》是用太阳历法，还是太阴历法，尚难确指。虽然扎马鲁丁的《万年历》没能长期颁行下去，但是回回天文学机构却不断升级，至元八年（1271年）始置回回天文台，至元十七年（1280年）置回公司元监，其官阶与司元监相等，这说明回族的天文学知识已到权威的水平。

扎马鲁丁在至元四年（1267年），还在大都（北京）主持制造了七种天文仪器——"西域仪象"，分别是观测太阳运行轨迹的多环仪、观测星球方位仪、观测日影定春分秋分的斜纬仪、观测日影定冬至夏至的平纬仪、天文图像模型、地球模型地球仪、测量时间的观象仪。这些显示出扎马鲁丁在天文学上的学识和创造，对中国天文学的一大贡献。

成无己注《伤寒论》

1156年，金代伤寒学家成无己去世。

成无己曾为《伤寒论》作注解，他对《伤寒论》及伤寒诸症有很深造诣。

古代中医的伤寒，是指从发热起始的急性病（包括某些急性传染病）的总病名。《伤寒论》是汉代"医圣"张仲景的著作，因年代久远，医理精深，金人多难释读。

成无己（约1066年—1156年），聊城（今属山东）人，出身于行医世家，自幼得家学真传，他还精于儒学。他鉴于《伤寒论》精深难读，于是继宋人对其作过一定解释后，首先对其进行全面详细的注解。他博览《难经》《素问》《灵枢》等中医著作，综合融通，再结合自己的临床医学实践，按照原书体例进行较为详明的注释，阐发其微妙。他的注解已不只是仅为原书作注，还补充了许多自己的心得，对后世继承与发展伤寒学起到关键作用。此外，他还有《伤寒明理论》4卷，对《伤寒论》中症候及病理作了简要评析，并附有常用方药 20 剂。

后人评价成注本《伤寒论》："引经析义，尤称详洽，诸家莫能胜之。"成无己是注释《伤寒论》的第一人，后世也有人仿其体例继续注释《伤寒论》。

刘完素开创河间派

金王朝建立以后，十分重视吸收契丹和汉族的医学知识和医事制度，加以改革和扶植，通过分科选拔，提高医官的品阶和俸禄等方式促进医学理论和实践的发展，开始出现了一些重要的、对后世影响深远的学术流派，其中之一就是刘完素所开创的河间学派。

刘完素像

刘完素（1120 年—1200 年），字守真，号通玄处士，25 岁开始研究《素问》，直至花甲仍然勤恳钻研，从不间断，对疾病发生的机理的研究相当深入，三次拒绝金章宗完颜璟的聘任，终生行医民间，颇受民众欢迎。其著述很多，代表其医学成就的著作是：《素问玄机原病式》1 卷，结合六气学说，对《素问·至真要大论》中论述发病机理的经文即"病机十九条"加以阐发，认为自然气候的变化对人体生理活动和病理变化具有直接影响，但并不机械套用某年生某气，发某病的固定模式，而是用运气理论说明疾病发生和演变的规律，以当时盛行的"五运六气"学说对疾病加以归类，把"病机十九条"中涉及的五脏诸病归纳为"五运主病"。

此外，更增补了"诸涩枯涸，干劲皴揭，皆属干燥一条"，将风、火、暑、湿、燥、寒诸病归结为"六气为病"，这一理论对理解疾病发生的机理有一定帮助。这种"五运六气"的生克制化规律，解释了某些与疾病本质不符的临床表现即"假象"出现的机理，发展了诊断学和治疗学。针对宋金战乱以后，传染病流行严重危及人民健康，而多数医家不求医理，拘泥古法，重用温燥药物造成的许多流弊，刘完素提出了尖锐的批评。根据《素问》"病机十九条"中火热病居多而临床上火热病多见的情况，突出强调火热为病的广泛性，在书中列举了91种火热病症，大大扩充了"病机十九条"的火热病内容，提出了以"火热论"为中心内容的学术思想和理论体系。认为火热病广泛多见的原因是由于火热之邪的致病因素造成的。指出风、火、暑、湿、燥、寒"六气"之中，火热占两"气"，风、湿、燥、寒都能化生火热，而火热又往往成为产生风、燥的原因。进而有"六气皆能化火说"的论断，和"五志过极皆为热"的观点，即怒、喜、悲、思、恐几种情志过度，相应的脏器就会受到损伤，而这种损伤都是热。这是对内伤火热病机的一大创见。

在这一思想的指导下，刘完素主张用辛凉或甘寒解表法治疗怫热郁结的表证，以清热通利法治疗表证已解的里证，表证兼内热者，则用表里双解法，由此创造了"防风通圣散"、"双解散"等著名方剂，效果显著。"火热论"的创立纠正了传统理论的一些错误，为后世温病学派的产生和发展奠定了基础。

由于刘完素善用寒凉药治疗火热病证，固而被后世称为"寒凉派"。对后世影响深远，加之他对杂病的治疗不拘泥于寒凉，而主张辨证施治、因病制宜，即"病气热则除其热，寒则退其寒"。可见其倡导的"火热论"只是针对火热病的多发性和常见性而针砭时弊，创立的新的理论体系，这种师古却不泥古的辨证论治的思想，同他开创的河间学派的学术流派一样为后世医家所效法和学习。

刘完素的著作还有《素问病机气宜保命集》3卷，《宣明论方》15卷，《伤寒标志心法类萃》《三消论》《保婴秘要》等。

杨辉、丁易东作幻方幻圆

元代的数学基本上是宋、金数学的继续。这一时期的数学家创造出许多杰出的成就，其中包括杨辉、丁易东的幻方幻圆。

幻方古称纵横图，纵横图之名始创于南宋数学家杨辉。宋人研究"易数"，十分重视古称河图、洛书的两个数字阵，并进而探求具有类似性质的其他数字阵，而洛书就是 3 阶幻方。杨辉在其《续古摘奇算法》中给出了洛书之外的 12 个幻方和一些幻圆（具有与幻方类似性质的圆形数字阵），开后世纵横图数学研究的先河。

丁易东生活于宋末元初，略晚于杨辉。其《大衍索隐》是研究易数的专著，由河图、洛书推衍出多种数字阵，其中有 11 种为幻方或幻圆，多数给出或揭示了构造方法。他的"洛书四十九位得大衍五十数图"为一幻圆，中心对称的任选两数之和均为 50，同一圆周上 8 数之和为 200，加中位 225，同一直径上的 13 数之和为 325，他的"九宫八卦综成七十二数合洛书图"衍九宫为十三宫，每组 8 数之和均为 292，纵、横、斜每三宫之数的和均为 876，纵横相邻的两行 12 数之和均为 438。他还给出了一个与杨辉"九九图"相同的 9 阶幻方。他们的工作可能是各自独立完成的。

李冶退隐研究数学

1232 年，蒙古军攻破钧州，时任钧州（今河南禹县）知事的李冶弃职北走，隐居于崞山（今山西崞县），以研究学问为乐。1251 年回到元氏封龙山隐居讲学，与张德辉、元裕友善，号称"龙山三老"。1265 年李冶一度应召为元朝翰林学士，编写辽、金、元历史，但仅任职一年即以老病辞去，继续隐居龙山，直至去逝。

李冶（1195 年—1279 年），字仁卿，号敬斋，真定栾城（今河北栾城县）人。李冶放弃功名后，毕生从事数学研究。他认为数学来自客观自然界。他的主要数学著作有《测圆海镜》12 卷（1248 年）、《益古演段》3 卷（1259 年），《泛说》40 卷，《敬斋古今黈》40 卷，《文集》40 卷，《壁书丛削》12 卷等。其中《泛说》《文集》和《壁书丛削》已佚，现传残本《敬斋古今黈》有《泛说》的引文。

《测圆海镜》是现存最早的天元术代表作，也是古代勾股容圆问题的总结性著作。天元术是建立代数方程的一般方法，相当于现在的"设某某为 X"并由此建立方程。由于所设未知数称天元，这种方法被称为天元术。天元术设定"天元一"为未知数，根据问题的已知条件列出两个相等的多项式，经相减后得出一个高次方程（天元开方式）。其表示方法为：在一次项系数旁记一"元"字（或"太"字），"元"字以上的系数表示各正次幂，以下的系数表示常数和各负次幂。这是中国符号代数学的开端。

《测圆海镜》在几何学方面也有突出成就。该书卷二第 1~10 题给出了 10 条基本的勾股容圆公式，把中国古代对勾股容圆问题研究的最重要成果概括出来。李冶在书中将勾股形分成 14 个相似的小勾股，得到 692 条"识别杂记"和 9 种容圆，其"识别杂记"的 692 条中有 684 条正确，相当于对"圆城图式"中的 14 个相似勾股形之间的线段关系给出了 684 条定理。这些对几何学的发展起了很大作用。

《益古演段》是李冶另一部重要代表作。是用天元术解释蒋周所著的《益古》。"演段"就是对方程式系数的演算。当时称"条段"。全书 3 卷，64 题，主要由平面图形的面积反求圆径、边长、周长等，引出二次方程求解。在列方程时，李冶将代数方法——天元术与蒋周使用的几何法——条段法相对照，作为学习天元术的入门书。书中天元式的写法采用元在太下即由未知数的底次幂到高次幂自上而下的排法至今为人们所沿用。

李冶的数学成就，特别是天元术，是中国古代数学的杰出创造，显示了当时数学的高度发达。他的两部数学著作不仅是现存最早的，也是最系统、最完整的天元术著作。

清代学者对李冶的数学著作给以高度的评价。阮元认为《测圆海镜》是"中土数学之宝书"；李善兰称赞它是"中华算书实无有胜于此者"。

《授时历》完成

至元十七年（1280年），许衡、郭守敬、王恂奉诏编成新的历法《授时历》。第二年元世祖忽必烈诏令颁行全国。这是当时世界上最精确的历法之一。

元朝建立初期，虽颁行使用扎马鲁丁的《万年历》作为历法，但并未广泛使用，北方一般仍以金代《大明历》为历法，南北不一。忽必烈深受汉族文化的影响，把西域历法、西域仪象、上都司天台和《万年历》均排斥于"正宗"之外，决心继承发展传统的中国天文学，命令制订新历法，成立新的治历机构太史局，由许衡、王恂、郭守敬等负责。王恂、郭守敬等人研究分析汉代以来40多家历法，吸收各国精华，力主制历应"明历之理"（王恂语）和"历之本在于测验，而测验之器莫先仪表"（郭守敬语），采取理论和实践相结合的科学方法，取得许多重要成就。郭守敬为制历创制了多种天文仪器，如简仪、高表等12种。通过新制仪器的观测验证，考证了7项天文数字。进行大规模的天体测量，郭守敬主持了27个地方的日影测量，北极出地高度和二分二至日昼夜时刻的测定。在大都，通过数百次的晷影测量、测定冬至时刻。郭守敬还结合历史上可靠材料，推算出一回归年的长度为365.2425日，同现在世界上通用的公历值一样。王恂、郭守敬还发展了宋元时代的数学方法，创立"招差法"新数学方法，求出5项日月运行的资料。测定新的黄赤大距为今制23°33′33″9，与用近代理论推算的23°32′0″8十分接近，这些数据为《授时历》的推算提供了很好的基本数据。

经过4年努力，《授时历》终于完成，它考证了7项天文数据；计算出5项日月运行的新数据；采用郭守敬首创的孤矢割圆术来计算太阳黄道与赤道积度；采用百进位制表示小数部分，提高计算精度；废弃上元积年法，以至元十八年（1281年）冬至时刻为历法历元；推算回归年长度为365.2425日，与现行公历相同，比欧洲格里高利历早300多年，反映了测量的高水平，也说明《授时历》有很高的精度。

《授时历》是中国历史上最著名的历法之一，它集古代诸历之大成，体现了中国传统天文学体系，成为中国历史上行用最久的一部历法，为天文学的研究和发展提供了绝好的材料。

郭守敬主持大都天文台

郭守敬（1231年—1316年），字若思，顺德邢台（今河北邢台市）人，是元代著名的天文学家、仪器制造家、数学家和水利专家。至元十六年（1279年），他奉命主持大都天文台工作。至元十三年（1276年），元世祖忽必烈诏命改治新历，命王恂、郭守敬率领南北日官多人负责测验和推算，并命能推明历理的许衡负责这项工作。郭守敬认为："历之本在于测验，而测验之器莫先仪表。"此言得到大家的赞同。于是他们首先去位于大都城南原金中都的候台去考察，发现金代从宋都汴

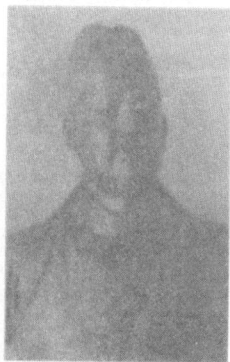
郭守敬像

梁掠来的天文仪器多有误差不可用，于是将这些宋代古仪移置他处而研制了许多新的天文仪器。

至元十六年（1279年）春，朝廷在大都东城墙开始兴建大都司天台。据有关文献记载，可知这是一个规模很大的天文台。当时太史院墙长约123米，宽约92米，院内建一座高达7丈分3层的天文台。第一层南屋是太史令等天文台负责人的办公室，向东的房间是负责推算的工作人员，向西的房间是负责观测和计时的工作人员，向北的房间为仪器储藏室及管理人员。仅推算、

郭守敬设计的简仪

测验、漏刻三局就有 70 个工作人员。第二层按离、巽、坤、震、兑、坎、乾、艮八方分成 8 个房间。它们分别是观测准备室、图书资料室、天球仪和星图室、漏壶计时室、日月行星室、恒星室等专业工作室。最上一层为观测台，北有简仪，中有仰仪，西有圭表，东有玲珑仪，南边是印历工作局、堂、神厨和算学的建筑。

从以上介绍可以看出，元大都司天台规模宏大，人员众多，组织严密，设备齐全，是当时世界上最完善的天文台之一，也是中国历史上功能最好的天文台之一。

大都天文台不仅以其规模和功能设计冠绝一时，更令人注目的是该台拥有的观测仪器，都是当时世界上极先进的，在天文学发展史上也占有极重要的地位。

首先要提到的是郭守敬所创制的简仪，它是对传统浑仪进行重大革新并应用了许多新发明后制成的天文仪器。它是世界上第一台用一高一低两个支架支撑起极轴的赤道仪，

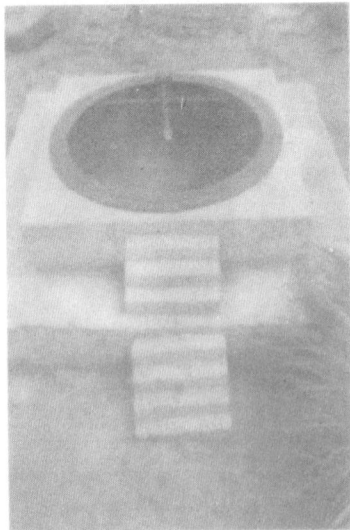

郭守敬发明的仰仪

也是世界上第一台集测赤道坐标和地平坐标于一仪的多功能综合测量仪，开创了在仪器上同时设置使用附加设备的先河，并一改传统的圆周分割法，将一圆周分成 3600 分，使刻度与读数更加精确和方便。此外，该仪也是世界上首次采用滚柱轴承的机械。

列在第二位的天文仪器是仰仪，它是中国和世界上首次出现的一种新型仪器，可从仪器上读出太阳的去极度、时角和地方真太阳时，特别是发生日食时，日食全过程以及各阶段的位置和时刻，均可连续记录下来。仰仪解决了以前观测太阳时观测者光芒刺眼的苦恼，使仰视观测变为俯视观测，它是世界上第一架太阳投影的观测仪。

此外还有玲珑仪，但《元史》对此记载很少。学者们持有两种不同的观点，一种认为是浑仪，另一种意见认为是假天仪。从相关记载及学者考证看，玲珑仪是浑仪的可能性较大。

大都司天台上的主要观测仪器除上述 3 种外，还有位于台西的高表。至于浑象、漏刻等仪器则放在第二层台上。这种将仪器放在台顶，演示及辅助仪器置于台下的布置，与今日天文台类似，是非常科学的布局。《元史》记载，郭守敬为该台设计制作的仪器有 13 件。该台建成之际，郭守敬还向忽必烈奏呈仪表式样。

黄道婆革新纺织技术

南宋时期，棉花才在中原及长江流域推广并逐渐扩大种植，棉花加工业也随之开始起步，但其技术相对比较原始。胡三省注《资治通鉴》时说当时（1256 年—1285 年）其工具为铁铤碾子和竹小弓弹棉。至于棉花的用途也只停留在"捻织毛丝"和"棉装衣服"的水平上。棉布在中原是珍贵之物，大约 13 世纪末，棉花加工技术开始在长江中下游地区迅速发展起来。而使这一技术迅速发展的原因乃是黄道婆的实践活动。

黄道婆塑像

木棉纺车模型

黄道婆是松江府乌泥泾（今上海旧城西南九里）人，年轻时她曾流落到崖州（海南岛最南的崖县），在那里学到一些先进的纺织技术和棉花加工方法。元成帝贞元年间（1295年—1297年），黄道婆遇海船返回故乡，将在崖州学到的技艺传授给在这方面相对落后的家乡人民，并由此在长江流域扩散，导致这一地区棉纺织技术出现了一次突飞猛进的发展。

长江下游地区最初没有踏车、椎弓之类的纺织工具，都是用手除去棉籽，效率十分低下，黄道婆就将造捍、弹、纺、织等一整套工具的制作方法及织布中使用的颜色搭配、综线挈花等技艺悉心传授。用她的方法织成的被、褥、带、帨等的各种纹样、图案，如花草、鸟兽、棋局、字样等，色彩鲜艳，就像画上去的一样。所制作的一种棉被，远近闻名，被誉为"乌泥泾被"。由此推知，她对印染技术，至少对染纱技术已经相当熟练。

关于黄道婆所传授的纺织工具，文献没有详细记载。但据王桢《农书》所记载的一些资料推测，可能是木棉揽车、木棉弹弓和木棉卷筵3种。

木棉揽车是用于碾去棉籽的。《农书》中有其图样，它由4根木头作成框架，上面竖立两个小柱子，大约1尺5寸长，上面用1个方木固定，立柱上有一根轴连通，轴的顶端作成一个拐形，由两个人转动轴，一个喂进籽棉，这样棉籽就和棉花分离开来，十分便捷。

木棉弹弓是将去籽后的皮棉弹开，以便纺纱，同时还可以将混杂在棉花中的浮土、杂质除去，使棉花洁白匀净。宋代是用小竹弓。这时弓形增大，各有关尺寸也更加合理。

木棉卷筵是用来将弹松后的棉花纤维均匀地卷成简条状，以便纱线能均匀连续地从棉花条中抽出，这种工具使用起来也十分灵便。

黄道婆的革新使棉纺织生产力大为提高，反过来刺激了棉花种植业的发展，松江一度成为全国的棉纺织业中心。此后，棉织品逐渐普及为普通人民的服装材料。

元代纺织业的空前发展，与棉纺织业技术的革新和普及是分不开的。可以说，黄道婆为中国棉纺织业的发展作出了巨大贡献，她的功绩将被人们世代传颂，永远铭记。

王祯发明木活字

大德二年（1298年），王祯对印刷技术进行革新，发明了木活字，使活字印刷术得以推广普及。

王祯（1271年—1330年），山东东平人，著有《农政全书》，是元朝杰出的农学家、机械设计制造家和印刷技术革新家。

北宋毕升发明胶泥活字印刷术后，因成本高昂，直到元

王祯发明的转轮排字盘，直径78厘米，高36厘米。

代尚未得到推广。当时仍在大量使用雕版印刷术。这种方法不但费工时，而且所刻雕版一旦印刷完毕大多废弃无用。王祯在毕升胶泥活字印刷的基础上，进行木活字印刷的试验研究，终于取得成功。他试印自己纂修的《大德旌德县志》成功，使之成为中国第一部木活字本方志。

另外，王祯发现木活字在拣字过程中，几万个木活字一字排开，人们穿梭来往很不方便，于是他就设计制造了转轮排字盘，从而为提高拣字效率和减轻劳动强度创造了条件。

王祯不仅成功地进行了木活字印刷实践，而且还是详尽地将整个工艺过程记述下来的第一人。他在所撰的《农书》中附录《造活字印书法》，详细介绍了他发明的"写韵刻字法"、"锼字修字法"、"作盔嵌字法"、"造轮法"、"取字法"、"作盔安字刷印法"等具体操作。反映出王祯构思之巧妙和元代木活字印刷的发展。

木活字的发明，是印刷史上的一个重大事件。王祯之后，木活字印刷便推广开来。尤其是转轮排字法使用起来十分方便，大大提高了工作效率。这使得木活字印刷在中国古代的盛行程度，仅次于雕版印刷。

此外，王祯在《造活字印书法》中提到"近世又铸锡作字"，可以得出，锡活字在王祯之前便已发明，只是元朝由于"难于使墨"而不能久行。这是世界上关于金属活字的最早记载，在印刷史上具有重要意义。

朱世杰著《四元玉鉴》

大德七年（1303 年），元代著名数学家朱世杰著《四元玉鉴》。

朱世杰，字汉卿，号松庭，出生于今北京附近。13 世纪后期至 14 世纪初叶，朱世杰以数学教学与数学研究为业，"周流四方，复游广陵，踵门而学者云集"，游学四方 20 余年。所著以《算学启蒙》与《四元玉鉴》最为有名。

《四元玉鉴》共 3 卷 24 门 288 问，是论述四元术、垛积术及招差术的杰作，代表了中国传统代数学的最高成果。内容包括高次方程组解法（最多可包括 4 个未知数）、高阶等差级数求和、高次内插法等等。

四元术是中国古代处理多元高次方程组问题的一套代数方法。在宋代天元术和增乘开方法的基础上，朱世杰按天地人物立成四元。"其法以元气居中，立天元一于下，地元一于左，人元一于右，物元一于上……考图明之，上升下降，左右进退，互通变化、乘除往来，用假象真，以虚问实，错综正负，分成四式。"设 X、Y、Z、U 表示 4 个未知数（即天、地、人、物），把常项放在中央（记为"太"，所谓"元气居中"），各未知数的各次幂依次放在上下左右，而各未知数各次幂的两两乘积则置于平面的相应位置上。

这既是四元方程，也是四元多项式的表示方法，是中国古代位值制记数法的又一次新的发展。

消元法是四元术的核心，即通过各种代数运算，将四元式化为三元式、将三元式化为二元式，"剔而消之"，将二元式化为天元式"互隐通分相消"，求得这个方程正根，并进而确定方程组中其他未知数的值。其基本解题过程简单概括为：四元式的加减法，以常数项为准，将两式对应位置上的数相加减即可。消元法正是利用这种运算而完成的。

垛积术即高阶等差积数求和问题。朱世杰在前人研究的基础上，主要研究了三角垛和四角垛这两种基本垛积系统，总结出两个基本公式，深刻揭示了二项系数表的许多内在本质。

招差术即内插法。朱世杰在隋唐时的二次内插和元《授时历》中的三次内插法基础上更进一步，把垛积与招差视为一对互逆的运算，利用三角垛系统结果建立四次内插公式。

朱世杰的《四元玉鉴》是中国数学著作中最重要的一部；同时也是整个中世纪最杰出的数学专著之一，为研究中国古代数学提供了宝贵的资料。

《四元玉鉴》中的四元式消元法的问世比西方早 400 多年，招差术的内插公式比西方的同类成果早 300 多年。这充分显示了朱世杰和他的《四元玉鉴》在中外数学界的崇高地位。

王祯《农书》著成

皇庆二年（1313 年），农学家王祯完成《农书》一书。王祯字伯善，元代东平（今属山东）人，元朝农学家和活字印刷术的改进者。成宗元贞元年（1295 年）至大德四年（1300 年）曾任宣州旌德县尹 6 年，接着调任信州永丰

王祯的《农书》

明刻本《农书》中的活字印刷转轮字盘图，图中绘出元代王祯发明的转轮字盘的构造。

木棉搅车，去棉籽的工具。据王祯《农书》复原。

（今江西广丰）县尹。为官期间，他生活朴素，施行德政将自己的薪俸捐出来修建学校、桥梁、道路，教导农民种植树艺，施医舍药以救贫苦百姓，人们对其评价很高，说他"惠民有为"。

在他担任旌德县尹时，开始编撰《农书》，调任永丰县尹两年后脱稿。后来，大约在皇庆二年（1313 年）曾作过修改，增加了个别附记和"自序"。

《农书》正文共计 37 集 370 目，分《农桑通诀》《百谷谱》和《农器图谱》三大部分。书首"自序"和书后"杂录"是有关印刷术方面的内容，与农业关系不大。

《农桑通诀》共 6 集 26 目。从农事、牛耕、蚕事的起源开始叙述，考索其历史渊源。按着是："授时"、"地利"与"孝悌力田"三篇，说明天时、地利的作用和劳作的重要性。然后转入正题，记载了从耕种到收获的全过程中一些共同的基础措施，始终贯穿着农本观念与天时、地利、人力共同决定生产状况的思想，是一篇农业总论。

《百谷谱》11 集 83 目，涉及谷属 14 目，记载了粟、稻等 14 种作物的种植及收藏、利用等技术。"蓏属"12 目，蔬属 19 目，介绍了葵、芹等 12 种作物，果属 18 目，还介绍了 21 种竹木、纤维、药材的栽培管理、收获、收藏及利用的技术和方法。实际上,《百谷谱》是一部农作物栽培各论。

《农器图谱》是全书重点,分12门(20集)261目,并配插图306幅,介绍了这些农具及与农业有关的器具的构造、来源、用法、演变以及优缺点,大都在后面附有一段韵文或诗赋,多为王祯自己创作。《田制门》中的区田、圃田、围田、柜田、涂田、沙田、架田是一些利用和改良土地的特殊方法,反映了我国古代劳动人民在人多地少的情况下充分利用土地的情形。这些丰富多样的农具图像,反映了劳动人民根据不同地区的不同需要而创造出不同的农具,表现了农业技术的进步,尤其是从实用目的出发,比较南北方的农具,时时顾及南北差异,致力于其相互交流。这一部分在全书中占去了80%的篇幅,这种将农器列为综合性农书的重要组成部分的做法,是由王祯首创的。他不仅描绘了当时通行的农具,还将失传的古代农具绘制出复原图,保存了一些有价值的农具史料。书中收录的一些农机具,如32锭水力大纺车,无疑处于当时世界先进水平。这是介绍我国古代农业生产工具的集大成的著作,展示了其卓越成就。

王祯在综合黄河流域旱地农业和江南水田农业两方面的生产实践的基础上,构撰了这部具有较完整的农学体系的著作。它标志着我国农学体系的基本形成。

王祯《农书》关于蚕神的图说

神农(神农氏)是中国远古传说中的"三皇"之一,姓姜。历史传说他发明耒耜、教民农耕,并尝百草以治百病,是中华民族最初发明农业和医药的人。图为王祯《农书》明刻本中神农氏的身影。

赵友钦算圆周率

元朝初年，赵友钦著《革象新书》，推算出较为精密的圆周率著 π 值。我国古代计算圆周率和圆面积的一种办法——割圆术，为魏晋时杰出的数学家刘徽所创。他从圆内接正六边形起算，结合"刘徽不等式"，由圆内接正 192 边形推得圆周率 =3.14，由正 3072 边形推得圆周率 =3.1416。在此基础上，南北朝时祖冲之推得约率 22/7，密率 355/133，盈朒二限 3.1415926< π <3.1415927，此后的 800 余年间这方面没有新的成就。

赵友钦在《革象新书》，第五卷"乾象周髀"篇内叙述了历代所得圆周率之值。并从圆内接正四边形起算，由 $16384=4 \times 2^{12}$ 边形推得圆周率 =255/133 这较为精密的值，指出由最初的圆内接正四边形多次边数加倍，"其初之小方，渐加渐展，渐满渐实。角数愈多而为方者不复方而为圆矣。故自一二次求之以至一十二次，可谓极其精密，若节节求之，虽千万次，其数终不穷"。具有极为明确的极限思想。

朱思本绘《舆地图》

朱思本（1273 年—1333 年），字本初，号贞一，江西临川人，元代著名地理学家和地图制图学家。从 1311 年到 1320 年间，他实地考查了会稽、洞庭、荆襄、淮泗等地，参阅了郦道元的《水经注》、唐《通典》《元和郡县志》、宋《元丰九域志》及元《大一统志》，并在此基础上，绘成《舆地图》，遗憾的是未能留传下来，只是到明代有两种地图被认为是由《舆地图》改绘而来，一是杨子器的《舆地图》，另一是罗洪先的《广舆图》。

杨子器，字名父，慈谿（今浙江慈溪）人。他的《舆地图》绘制于正德七至八年间（1512 年—1513 年），图长 164 厘米，宽 180 厘米，比例尺为 1∶1760000。图中采用各种符号达 20 多种，分别用方、圆、菱形符号代表各级行政区，还用其它符号表示庙宇、陵墓、桥梁和万里长城等名胜古迹。图中的海岸线轮廓、河流的弯曲走向及各行政区的相对位置基本上与现在的地图相似，说明当时的地图绘制，无论是在绘制方法上，还是在绘制的准确度上，都达到了一定的水平。图的下方有跋，由跋可知，当时的行政划分有两京、13 省、520 府、240 州、1127 县、495 卫、2854 所、12 宣慰司、11 宣抚司、19 招讨安抚司、177 长官司，说明了疆域的辽阔。

《泾渠总图》。图中所绘是元代延祐五年（1318 年）至正四年（1344 年）26 年间，泾水与石川河（即沮水）间的河渠概况。图中河流渠道用双线表示，名胜建筑和桥梁符号规范醒目。此图是研究元代河渠灌溉的珍贵资料。

罗洪先（1504年—1564年），字达夫，号念庵，江西吉水人。他绘制的《广舆图》也是在朱思本的《舆地图》的基础上发展而来的，仿照朱思本的《舆地图》的模式，对明代疆域及行政区划进行描绘，内容包括明代疆域总图以及各省分图17幅，除其中南北两直隶及13布政司的地图来自于朱思本外，其余各图均为新绘。

赡思修定治河书籍

至治元年（1321年），赡思将北宋沈立所著《河防通议》、南宋周俊的《河事集》及金代都水监管撰的《河防通议》三书整理合编，"削去冗长，考订舛讹，省其门，析其类，使粗有条贯，以便观览而资实用"，改成《重订河防通议》2卷。此书于顺帝至元四年（1338年）八月正式刊行，共分河改、制度、功程、输运、算法等6门，凡物料、功程、丁夫、输运及安桩、下络、叠埽、修堤之法都有详述，是对宋金两代治河经验的总结，是10~14世纪治河的主要文献。

赡思字得之，原籍大食国，祖父鲁坤自丰州（今内蒙古呼和浩特白塔）迁真定（今河北正定），遂为真定人。顺帝后至元二年（1336年）任陕西行台监察御史，四年（1338年）改任浙东肃政廉防司事。因病辞归后，谢绝征召，不再做官，而专事学问。是一位精通水利、地理、天文、数学的学者。

齐德之著《外科精义》

　　至元元年（1335年），著名外科医家齐德之采集《内经》以后医学文献中有关疮肿的论述，结合自己多年临床治疗经验，撰成《外科精义》一书。

　　齐德之（生活在13~14世纪间），曾任医学博士、御药院外科太医，籍贯及生卒年月不详，因长期从事外科医疗，在外科理论及实践上都有较高的成就。所著《外科精义》共2卷，上卷包括疮肿、诊候、辨证、治疗、将护、忌慎等35则，下卷列汤、丸、膏、丹145方，附带论述了各种药物炮制的方法。

　　以往治疗外科疾病，医家多是"外病外治"，所采用"攻毒之方"，治其外而不治其内，治其末而不

云南少数民族医用竹拔头罐

治其本。齐德之则更加注重整体观念，他认为疮肿虽然病发于局部，但与全身其他部位密切相关，"皆由阴阳不和，血气凝滞"所致。因此，在治疗上，要注重辨证，重视脉诊，内治和外治相结合。这些观点与现代医学中内治消炎、外除腐肿的疮肿治疗方法十分接近。同时，他还主张病有逆从，治有缓急，法行正权，方有奇偶，用有轻重，治疗贵乎对症下药，多管齐下。这些把辨证施治的原则运用于外科治疗的观点，对后世外科医学的发展有很大影响。

　　书中对当时流行的外科治疗法多有描述。其中有砭镰法、贴胁法、溻渍法、针烙法、灸法、追蚀法等等。所载"溻渍疮肿法"，消肿止痛，经多年验证，是治疗疮肿的有效良方。他提出的"温罨胜于冷敷"的观点，在医学上很有见地。

　　齐德之非常重视病人康复的外部环境和心理调养。他认为：性格仁慈而

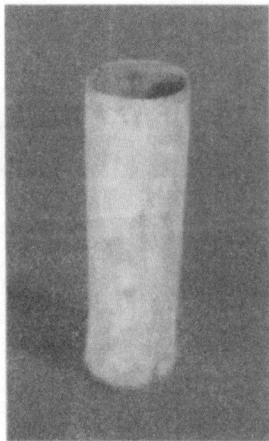

勤谨耐烦的护理员最适宜病人的要求，病人疗养的环境要宽敞舒适，探视者必须根据病人病情轻重确定时机和时间，病人本身也要注意精神调养，注意饮食宜忌等等。

《外科精义》是我国 14 世纪中医外科的代表著作，它有关外科治疗的诸多观点受到后世的高度评价。清《四库全书总目提要》称之为"务审病之所以然，量其阴刚强弱以施疗，故于病科之中最为善本"。

滑寿作《十四经发挥》

至正元年（1341 年），著名医学家滑寿撰成《十四经发挥》一书。

滑寿（约 1304 年—1386 年），精于医经研究及针灸学。字伯仁，人称滑伯仁，祖籍许州襄城（今属河南），早年不愿入仕，以医自晦，曾拜江南名医王居中学医，后又学针术于东平高洞阳。钻研《素问》《难经》，参阅张仲景、刘河间等诸家医书，融会贯通，妙手神医，名闻江浙间。

滑寿一生撰述甚丰，他的《十四经发挥》是在前人《金兰循经取穴图解》的基础上编撰而成。全书 3 卷。卷 1 和卷 2 基本上是对《金兰循经取穴图解》进行注释和补充，分述了经络循行之法和按十四经顺序编写各经穴歌诀，相应腑脏机能，经脉循行路径，所属经穴部位及经脉主病等。卷 3 "奇经八脉篇"，采《素问》《难经》《甲乙经》及《圣济总录》等书，对奇经八脉作了较系统的论述。该书对针灸学贡献颇大。首先，滑氏认为督、任两脉，行于背腹，皆有专穴，不同于其他奇经，故把督任两脉和十二经脉相提并论，总称十四经。其次，通考了 657 个腧穴，详加分析并有所发挥。

《十四经发挥》具体反映了元代针灸学的成就，它启示了针灸临床对督任脉的研究，使十四经理论应用于临床。该书在元代影响极大，且传播到国外，日本医学界把它视为"习医之根本"，而为"世所传诵"。

万虎尝试火箭飞行

14 世纪末，万虎作火箭载人飞行的最初尝试。

明代以前的火箭，作为轻火器，基本上都用弓弩发射。到了明初，发明了以火药为动力的火箭，直接利用火药燃烧向后喷射气体的反作用力进行发射。明代发明的火箭种类繁多，有单级和多级火箭，单级火箭有飞刀箭、飞枪箭等单发和一窝蜂、百虎齐奔箭等多发箭。

多级火箭是中国古代的重大发明，有两个或两上以上的推送药筒。如"火龙出水"，它是用毛竹制成的龙形多级火箭，龙腹内装火箭数支，龙头、龙尾各装两火箭筒，头尾四箭同时点燃推动火龙前进，待药力尽失时，龙腹

明火箭。在箭杆前端缚火药筒，利用火药反作用力把箭发射出去。这是世界上最早的喷射火器。

明火龙出水。长 153 厘米，颈部直径 20 厘米，尾宽 32.5 厘米，这是世界上最早的二级箭。用竹筒做成龙形，龙的两侧各扎火药筒，点燃后，将龙身推动飞行，这是第一级。在龙腹中装有火箭，待龙飞入敌阵时，腹中的火箭被点燃，从龙口中发射出去以命中敌方，为第二级。因为从船上发射，故称"火龙出水"。

内的箭开始燃烧工作，由龙口飞出继续向前，飞向目标，引燃目标。飞空砂筒则是一种能飞出去又能飞回来的火箭。

在火箭种类繁多、广泛运用的基础上，万虎设想用火箭载人飞行，他在一把座椅的背后装上47个当时最大的火箭，并把自己捆在椅子前边，两手各拿着一个大风筝，然后令仆人同时把这些火箭点燃，以借助火箭向前推动的力量加上风筝的上升力量飞向天空。这次试验没有成功，但万虎被公认为世界上最早试图利用火箭来飞行的人。万虎尝试火箭飞行，为后人研制飞行器提供了重要的参考资料。

兰茂著《滇南本草》

明代兰茂约于正统元年（1436年）撰成《滇南本草》。

兰茂（1397年—1476年），字廷秀，号止庵。河南洛阳人，后来迁至云南嵩明。从少年时代起就爱好本草，后因其母长期生病，便更加钻研医药学。他广泛收集滇南地区蔬菜草木中可以作药用的，然后分类辨性，绘成图形，汇集成《滇南本草》，共3卷。书中记载云南地方药物400余种，大多为当地特产药物，并为一般本草学著作所未载者。还记载了一部分滇南地区少数民族的医药经验，附有治疗验案和经验方，为研究古代南方地区药物和民间医学的重要参考文献，也是研究少数民族医药不可多得的珍贵资料。

《滇南本草》撰成后并未刊行，仅以手抄本流行。嘉靖年间，滇南范洪应用《滇南本草》附方获得疗效，遂将其抄本进行整理，再加进自己的见解，并精心绘制药图，撰成《滇南本草图说》12卷。清代晚期，管暄、管浚兄弟又先后对该书加以整理、

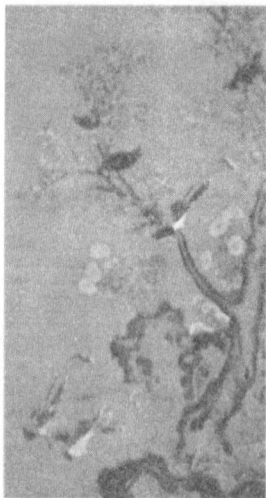

明吕纪绘《桂菊山禽图》，画中的桂、菊和山禽（喜鹊、雉等）均可入药。

重订，并付梓刊行。成书后，出现了多种抄本和刻本。其中清光绪十三年（1887年）昆明务本堂刻本计3卷，载药458种。1914年云南丛书本计3卷，收药280种。李时珍当时没有见到该书，因而有不少药物资料未能利用。直到清代晚期吴期浚编撰《植物名实图考》才充分引用《滇南本草》资料，竟达70多条，可见其学术价值和影响之大。

明代医学著作较多，《滇南本草》是现存最早的、较完整的、很有特色的地方性药物专著，对后世中医药学影响较大。

吴敬著《九章算法比类大全》

景泰元年（1450年），吴敬写成《九章算法比类大全》共10卷。

吴敬字信民，号主一翁，浙江仁和（今杭州）人，以精于数学著称，曾长期担任浙江各级官府的幕僚，在协助管理财政赋税时，遇到大量实用数学问题。同时，他还留意搜集那些古代数学问题，与《九章算术》中的相应内容相比类，并将各种实用算法编成歌诀，历10年之久，于景泰元年（1450年），写成《九章算法比类大全》。

《九章算法比类大全》前面有"乘除开方起例"一卷，列举大数、小数制度，度量衡制度，乘除算法中用字的解释，整数及分数四则运算等，并以194个应用问题为范例说明各种算法。这一卷还最早著录了珠算加减法口诀。卷一至卷九按《九章》的体制分类，将古今问题进行比类，编排了1000多个应用问题的解法，包括大量商业数学问题，也涉及许多政府管理上

明代皇太子用的教科书《明解增和千家诗注》（手抄彩绘本）

需要的实用数学内容。卷十为"还原开方",包括开平方、开立方、开高次方以及开带纵平、立方,借助"开方作法本源"(贾宪三角形),以"立成释锁"求解,书中最早记载了由阿拉伯传入的格子乘法,称为"写算",成为后世习用的算法。

《九章算法比类大全》是明代最早且为内容系统、完整的有刻本传世的数学著作。

罗洪先《广舆图》成

明嘉靖年间,罗洪先在元代朱思本所绘《舆地图》的基础上,经增补修编而成《广舆图》,这是中国目前所能看到的最早的刻本地图集。

罗洪先(1504年—1564年),字达夫,号念庵,江西吉水人。自幼好学,知识广博,尤在"考图观史"方面突出。1529年获进士第一名。他用十多年时间,在元代朱思本《舆地图》的基础上,用"据画方易以编简"的方法,编成了《广舆图》这本新的地图集。

《广舆图》以《舆地图》为底本,按照明代现行疆域及行政区划进行了修订和增补,系统使用了24种地图符号,图集首先绘有舆地总图——即明代全国疆域政区图;其次为各省分图1711幅,洮河、松洋诸边图5幅,黄河图3幅,漕河图3幅,海运图2幅,朝鲜、朔淹、安南、西域4幅图,另有各种副图68幅,地图内容充实、丰富、准确,使我国古代地图更加完善。

罗洪先的《广舆图》在地图学史上具有创新性的重要贡献。罗洪先将朱思本的巨幅地图采用计里画方法,根据图上方格,化整为零,改图卷为图册,大大便利了刊印、阅读、携带和保存。而且对制图技术进行改进,用24种图例符号来表示山脉、海水、城垣、关塞等各项地理内容,增强了地图的直观性和醒目程度。故嘉靖年间和万历、嘉庆年间,《广舆图》多次刊印或翻印,成为明清时期绘制各种地图的蓝本。也使罗洪先成为在中国地图学史影响达200多年、承先启后的知名地图学家。

方有执开创"错简重订派"

方有执（1523年—？年），字中行，号九山山人。安徽歙县人。他认为《伤寒杂病论》集医道之大成，擅百世之宗师。而西晋王叔和重为编次，多有改移；金代成无己《注解伤寒论》亦有窜改，遂致简编错乱，相沿成习，弥失其真。为此，方有执刻苦钻研，著成《伤寒论条辨》8卷，后附《本草钞》《或问》《痉书》各1卷。对王叔和整理改编的《伤寒论》重改修辑，采取整移删削的方法，进行通盘订正与编次。将有关太阳病的条文分为一、二、三卷，阳明病与少阳病合为第四卷，太阴病、少阴病与厥阴病合为第五卷，将有关湿病、风湿、杂病条文和霍乱、阴阳易、差后劳复诸篇合为第六卷，以"辨脉法"为第七卷，以王叔和自为编述诸篇为第八卷。

方有执将外感风寒分为三种类型，即卫中风、营伤寒和营卫俱中伤风寒。并分辨其源，对症下药。这种分法增强了张仲景原文的系统性、条理性；同时还大大丰富了临床经验与理论认识，形成著名的错简重订派。而和者竞起，从而促进和发展了伤寒学说。

朱载堉开创舞学

朱载堉是我国明代著名科学家和艺术史论家，除在乐学、律学、历学等方面有重大成就外，他还把舞蹈从"乐"中分离出来，开创了一门新的学科——"舞学"。

朱载堉的舞蹈学说，比较集中地汇辑在《律吕精义·论舞学不可废》上、

下篇及多种"拟古舞谱"的序跋中,《论舞学不可废》上篇包括"舞学十议"所论舞蹈艺术 10 个方面的重要问题:

"舞学",舞蹈基本理论和某些有针对性的评论。

"舞人",舞蹈表演者的身份、教养、体态、仪表的标准及要求。

"舞名",对历代名牌的回顾及分类。

"舞器",舞蹈道具规格及使用方式方法。

"舞佾",舞蹈人数和行列标准。

"舞表",舞蹈位置及活动形式。

"舞声",舞蹈音乐,也包括唱词。

"舞容",舞蹈姿态及其所表达的意义。

"舞衣",舞蹈服饰的制式等。

"舞谱",即《论舞学不可废》下篇的内容。

在对舞蹈艺术特性的论述中,朱载堉继承发展了古代乐论中舞蹈起源于"物",起源于丰富多彩的现实生活的论点,他说:"盖乐心内发,感物而动,不觉手足自运,欢之至也。此舞之所由起也。"

朱载堉对舞蹈技艺问题提出了颇具创造性的看法,他认为舞蹈动作必须要有丰富的变化、较高的技艺,才能产生应有的艺术魅力。在"舞容"条中说:"乐舞之妙在于进退屈伸离合变态,若非变态,则舞不神,不神而欲感动鬼神,难矣。"

朱载堉对中国古代舞蹈史上某些突出现象提出了他独特的见解。对于古乐绝传,他认为内在原因是:古乐是向内收敛的,俗乐是向外开放的,人们喜爱"放肆"而厌恶"收敛","是以听古乐惟恐卧,听俗乐不知倦,俗乐兴则古乐亡,与秦火不相干也"。从表现形式上看,他认为"太常雅乐立定不移,微示手足之容而无进退周旋,离合变态,故使现有不能兴起感动,此后世失传耳"。也就是说舞蹈缺乏生动活泼的固有特性,缺乏艺术性和不具欣赏价值,刻板僵化,不管如何地貌似神圣、重要,终究要被历史所淘汰。

在音乐与舞蹈关系方面,朱载堉的见解也是中肯和颇具说服力的,他说:"夫乐之声在耳曰声,在目曰容。声应予耳可以听知,容藏于心难以貌睹,故圣人假干戚羽籥以表其容,蹈厉揖让以见其意,声容选和则大乐备矣。"他不仅辩证论述了舞与乐相互依存的紧密关系,还充分地肯定了乐与舞各自独立的艺术品格与相互难以取代的重要作用，他接着进一步阐述："有乐而无舞，似瞽者知音而不能见，有舞而无乐，如痖者会意而不能言。乐舞合节，谓之中和，天地位焉，万物育焉。"

在舞蹈的分类及古舞的承继、变迁诸问题上有许多新的见解。他认为，历代舞名虽然很多，"考其大端，不过武舞、文舞二种而已"。这是从内容上分的，武舞为示其勇、表其功，文舞则昭其德、著其仁。若从风格上分类，又有"世俗所谓粗舞、细舞"的区别，"粗舞者，雄壮之舞也；细舞者，柔善之舞也。"此外他还从舞器特征上将舞蹈分为"干舞"与"羽舞"，因为武舞使用朱干玉戚，文舞则执夏翟苇龠。

朱载堉 400 多年前创立的舞学和他对舞学的研究成果，对后世有重要的参考价值与启示作用。

李时珍《本草纲目》集本草学大成

医药学著作的大量编撰是明代医药学空前发展的显著标志之一。万历六年（1578 年），杰出医药学家李时珍编成集本草学之大成的《本草纲目》，代表了这一时期中药学的最高成就，极大地丰富了中国乃至世界的医药学宝库。

李时珍（1518 年—1593 年），字东壁，号濒湖，晚号濒湖山人，湖北蕲州（今湖

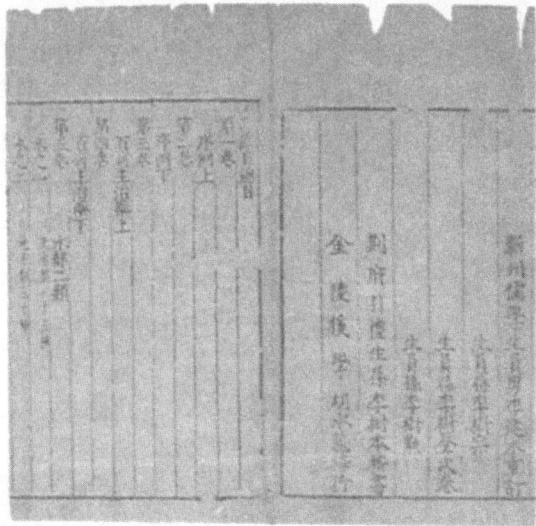

万历十八年（1590 年）刊行的《本草纲目》书影

湖北蕲州元妙观，是李时珍著书处。

金陵版《本草纲目》药物图谱

北蕲春）人，出生于医学世家，其父李言闻曾撰《四珍发明》等书，担任过太医院史目。在家庭环境的熏陶下，李时珍自幼喜爱医药。但其父却希望他能科举出仕，14岁（1513年）那年，他考中秀才，17岁后连续三次乡试未中，并因此积劳成疾，20岁从武昌乡试回家，重病一个多月。这成了他人生道路上的一大转机。从此，他积十年之久，足不出户，潜心研读经、史、子、集、传、声韵、农圃、医卜、星相、乐府等著作，于学无不涉猎，尤其喜读医学著作，这些都为他从事医药研究和著书立说打下了坚实的理论基础。

除了从典籍中学习以外，李时珍还特别注重实践经验的总结和积累，《濒湖医案》一书正是他总结医疗实践的产物。而且他博采众长，不断向民间人士请教，搜集了大量简单有效的单方、验方，编成《濒湖集简方》。

从他34岁那年开始，李时珍即着手编纂《本草纲目》，经过长达27年的艰苦努力，在宋代唐慎微《经史证类备急本草》基础上，参阅了800多种文献资料，经过三次大的修改，于万历六年（1578年）他60岁时完成了这部具有划时代意义的药物学巨著，成为我国药学史上的一个重要里程碑。

《本草纲目》共52卷，卷一、二概述了本草历史和药性理论；卷三、四以药原为张目罗列了各种草药的主治病，比前代以病名为纲的做法前进了一大步；其余48卷，按水、火、土、金石、草、谷、菜、果、木、服器、虫、鳞、介、禽、兽、人等将1892种药物分为16部，各列若干类展开论述，例如草部又分为山草、芳草、隰草、毒草、蔓草、水草、石草、苔、杂草、有名未用等60

类，每种药标正名为纲，纲下列目，纲目清晰，并对各种药进行释名、集解、辨疑、解说其修治（炮炙）、气味、主治、发明及附方，内容极为丰富，包含了动、植、矿物等各方面的内容，可谓关于自然知识的博物学著作。

该书附药物图 1109 幅，方剂 11096 首，其中8000 多首是李时珍自己收集和拟定的。在对 16 世纪以前我国药物学成就作了全面总结以后，增收了宋以后出现的 374 种药物，如三七、番红花、曼陀罗花、土茯苓等都被后世广泛使用，通过对一些药物基原、性能的研究辨析，在实际考察和对文献进行考据的基础上，纠正了以前本草学著作的一些错误，尤其是批驳了服食水银、雄黄成仙的说法，用比较先进的方法对药物进行分类，以取代沿续 1400 多年的三品分类体系，以纲目为构架将各种药物分类编排，成为一部独创体例的药物学著作，从而全面系统地展示了药学体系和内容。《本草纲目》还包含了各种药物的药性

雕塑：李时珍采药

药效、药物栽培、炮炙制剂及其在各种病症治疗方面的应用等多方面的内容。

除了药学以外，李时珍对医学也有重要贡献，其中尤值一提的是其人体解剖学成就。《本草纲目》是我国医学史上首次独创性地提出脑为全身主宰这一说法的著作，从而冲破了心是人体中心的传统说法。保存于《本草纲目》中的单方、验方是李时珍挖掘民间医药宝藏的结果，许多为后代医家所习用，其中抗衰老药物就有近 400 种，健身长寿的方剂有 550 首之多，包括膏、丹、丸、散、酒、粥、服食、外用擦洗等剂型和用法，记载了有关长寿、轻身、却病、容颜等案例数十则。在社会日益老年化的今天，挖掘这一医药宝藏将具有重要的现实意义。

作为一部包含了丰富自然科学知识的博物学名著，其内容涉及植物学、动物学、矿物学、地质学、化学、物理学以及天文学、气象学和物候学等许多科学领域。在植物学方面，李时珍《本草纲目》通过对 1094 种植物的根、茎、叶、花、果的特点及其性味、外形、皮核以及生长习性、生长过程、生长环境与人类生活的关系等各种因素进行分析、归纳、比较，得出了比较符

合科学的结论。而书中对 444 种动物药按虫、鳞、禽、兽、人等 6 部进行的分类，基本和现代动物学的分类系统完全一致，同时也蕴含了生动进化论的思想，其对动物为适应生活环境而改变生存方式的研究以及动物遗传与相关变异现象的描述，都具有重要的科学价值。《本草纲目》共记载矿物药 265 种，以钠、钾、钙等 19 种单体元素及其化合物为准则分类编排，并详细介绍了每种物质的来源、鉴别和化学性质，记载了蒸馏、蒸发、升华、重结晶、风化、沉淀、干燥、烧灼、倾泻等各种制药化学方面的反应方法。而以五倍子制备没食子酸的最早记录即保存于《本草纲目》中。

　　长达十年的潜心研究为李时珍的著述在史学、哲学、文字学、训诂学等方面奠定了深厚的基础，长期的医疗实践以及其跋山涉水，躬身民间虚心学习的严谨态度，无疑是《本草纲目》取得独创性、科学性成就的至关重要的原因。他实地考察了湖广、河北、河南、江西、安徽、江苏等省，深入林区、矿井、莱畦，向农夫、渔民、猎人、车夫等虚心求教。加之他对此前医药学成就的批判性总结，使《本草纲目》不仅集本草学之大成，而且最终成为一部中国古代科学的巨著，成就涉及药物、医学和几乎所有的自然科学领域。

黄成著《髹饰录》

　　黄成，号大成，安徽新安人，是明隆庆（1567 年—1572 年）前后的一位漆艺大师。他擅长雕漆剔红，所刻山水人物、花果飞禽，刀法圆润，与北京果园厂前期风格一致。

　　黄成总结了前人和自己的经验，继承和发扬了我国髹漆工艺，写成了中国古代唯一现存的一本漆艺专著——《髹饰录》。由于作者有丰富的实践经验，所以《髹饰录》能从实际出发，论述详实，堪称漆艺经典。《髹饰录》在明天启五年（1625 年）经另一位名漆工嘉兴西塘的杨明为之撰写了序言并逐条作注，使此书内容更加丰富。

《髹饰录》分乾、坤两集，共18章，186条，全面叙述了有关髹漆的各个方面。全书内容可分两个部分，第一部分包括：乾集序、第一章利用、第二章楷法、第十七章质法、第十八章尚古，讲漆艺制造方法，谈到原料、工具、设备、制造过程、修补、仿古及常出现的弊病等。第二部分包括：坤集序、第三章到第十六章，讲漆器分类、品种及各种装饰手法。以下是《髹饰录》对漆器的分类。

花卉纹百宝嵌委角方形黑漆笔筒

1. 质色：各种一色漆器。2. 纹𰻞表面有不平细纹的各种漆器。3. 罩明：在各色漆地上罩透明漆的各种漆器。4. 描饰：用漆或油描绘花纹的各种漆器。5. 填嵌：包括填漆、嵌螺钿、嵌金银等各种漆器。6. 阳识：用漆堆出花纹的各种漆器。7. 堆起：用漆灰堆出花纹，上面再加雕琢、描绘的各种漆器。8. 雕镂：包括剔红、剔黄、剔绿、剔黑、剔彩、剔犀、假雕漆、雕螺钿、款彩等各种施加雕刻的漆器。9. 戗划：各种施加刻画花纹，纹内填金、填银或填色的漆器。10. 㪍斓：两种或两种以上纹饰相结合的各种漆器。11. 复饰：某种漆地与一种或多种纹饰相结合的各种漆器。12. 纹间：填嵌门中的某种做法与戗划门中的某种做法相结合的各种漆器。13. 裹衣：在胎骨上裹贴皮革、罗、纸的各种漆器。14. 单素：一髹而成的各种简易做法的漆器。

黄成主张名称要如实地道出漆器的用法和做法，因为只有名实相符，才好让人知道如何去制造。不过正是因为《髹饰录》贯彻了上述宗旨，所讲到的漆器有的实物甚多，是常见的品种；有的实物却很少，是稀有品种，甚至多年访求，仍未遇到。有的漆器名称也过冗长，和当时习惯使用的也不一致，后人若不作一番研究探索，更不知其所为何物。虽然如此，仍不能低估此书的价值。

此书的价值首先在于作者全面地介绍了中国丰富多彩的漆艺品种及其历史，使我们对中国古代，尤其是唐宋漆艺有所了解，以弥补文献和考古资料之不足。其次是作者详实地介绍了中国古代各种漆艺的装饰手法，手法多达14类、130多种，为后人进行漆艺创作开辟了广阔的道路。

程大位总结推广珠算

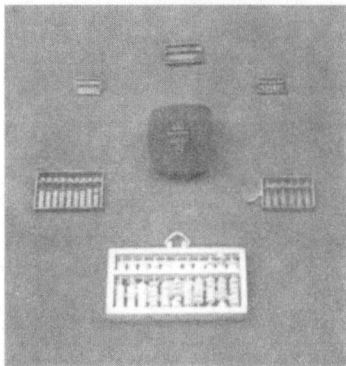

明代开始盛行的珠算

明万历二十年（1592年），明代珠算家程大位于60岁高龄完成其杰作《直指算法统宗》（简称《算法统宗》），这是中国古代数学发展过程中一部十分重要的著作，流传极广且长久，对中国民间珠算的普及起了很大的促进作用。明末，该书还传入朝鲜、日本及东南亚各地，对这些地方珠算的传播，也起了重要的作用。

程大位（1533年—1606年），字汝思，号宾渠，安徽休宁人。少年即广读群书，对书法和数学尤感兴趣。20岁起便在长江中下游一带经商，同时遍访名师，搜集许多数学书籍并加以研究。约40岁时归家潜心钻研，终于万历二十年完成该杰作。

《算法统宗》共595个问题，绝大多数摘录自刘仕隆的《九章通明算法》（1424年）和吴敬的《九章算法比类大全》（1450年）等书，较全面地搜集了当时的算法，成为当时同类珠算著作中较好的一部。

该书共17卷，前二卷讲基本事项与算法，其中珠算加法及归除口诀与现今口诀相同；乘法以"留头乘"为主，除法以"归除法"为主，为后世珠算所长期沿用。卷三至卷十二为应用问题解法汇编。其中卷三"方田"章内介绍了他创造的"丈量步车"，类似现在测量用的皮尺；卷六中首次提出了归除开平方、开立方的珠算算法。卷十三至卷十六为"难题"汇编。卷十七为"杂法"，介绍了民间算法"金蝉脱壳"及珠算式的笔算"一笔锦"等。最后在附记"算学源流"中列出北宋元丰七年（1084年）以来51种数学书目，其中 15 种现尚有传本，为了解当时数学书的传布情况提供了资料。

程大位还于万历二十六年（1598 年）从《算法统宗》中摘选出切要部分，编成《算法纂要》4 卷，与《算法统宗》先后在屯溪刊行。

徐光启译成《几何原本》

万历三十五年（1607 年）初，由意大利利玛窦口译、徐光启笔授的《几何原本》前 6 卷中文译文完成，并在北京付印，从而使这部希腊古典时期数学成就的总结性著作传入中国，并对中国近代数学发展产生了重大的影响。

《几何原本》为古希腊数学家欧几里得（Euclid，约前 330 年—前 275B. C. 年）所著。全书 13 卷，开卷便给出了 23 条定义、5 条公设和 5 条公理。他运用严格的逻辑推理，将精心选择的 460

《几何原本》（希腊文字抄本）

多个数学命题组织成了一个庞大而严密的数学逻辑演绎体系，成为最早用公理法建立数学演绎体系的典范。第 1~4 卷论述直线形和圆的各种性质，第 5 卷为比例论，第 6 卷为相似形，其中第 2、6 两卷又被认为发展了几何化的代数。第 7~9 卷为数论，第 10 卷为不可通约量（无理量），第 11~13 卷为立体几何与穷竭法，后来又有人增添了第 14、15 卷。这部著作在世界上影响极大。

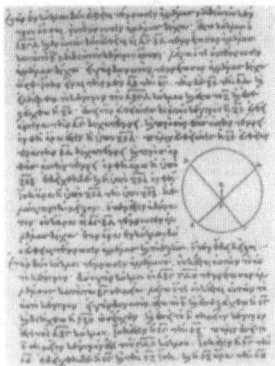

早年曾师从德国著名数学家克拉维斯（1537 年—1612 年）的利玛窦，精通数学、天文、地理和音乐。他于 1600 年在南京与徐光启交往，其渊博的知识让徐光启折服。此后，他俩先后定居北京，徐光启经常向利玛窦请教包括天文、地理和数学在内的西方科学，为了满足徐光启将西方科学著作尤其是内容新奇而有证明的数学著作译成中文的要求，利玛窦选择了《几何原本》的克拉

徐光启手书《刻几何原本序》

维斯的拉丁文译注本作为翻译的底本，展开这一开创性工作。徐光启每天前往利玛窦住所，将利玛窦口述的内容记录下来，并创制一套既切合科学涵义、又易为中国读者接受的名词术语。经过反复推敲，三易其稿，终于在1607年初春译成前6卷，同年付印。"几何"一词在译本中是拉丁文magnitudo（量）的音译，徐、利二人认为数学是研究量的学问，便将书名译成了《几何原本》。从此这部古希腊数学名著开始在中国传播。徐光启本希望译完全书，但被利玛窦阻止。后9卷直至清末才由李善兰和伟烈亚力完成。

《几何原本》是第一部译为中文的西方科学著作，虽然只译出前6卷，但已充分显现出西方公理化数学体系的思想、方法与特点，其抽象的陈述形式及严密的逻辑推理都是中国传统科学中所缺少的。它的传入，对中国近代数学发展产生了重大的影响，这以后，不仅几何学知识在中国流传渐广，而且出现了不少中国人自己撰写的几何著作。

徐霞客游天下

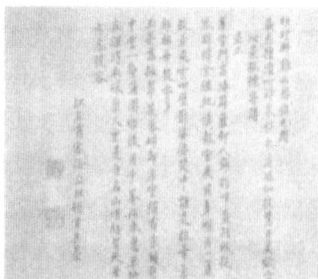

徐霞客手迹

万历三十六年（1608年），21岁的徐霞客离家出游，开始了他遍游天下的伟大旅程。

徐霞客（1587年—1641年），名弘祖，字振之，号霞客，南直隶江阴人（今属江苏）。出身书香门第的地主家庭，自幼勤奋好学，博览图经地志。立志遍游祖国的名山大川。因见明末政治黑暗，不愿入仕为官，专事旅游。

在 30 多年的旅游历程中，徐霞客备尝艰险，足迹遍及现在的江苏、浙江、安徽、河北、山东、陕西、山西、河南、湖北、湖南、福建、广东、江西、广西、贵州、云南等 16 个省区。以 50 岁（崇祯九年，1636 年）为界，前期北登恒山，南及闽粤，东涉普陀，西攀太华之巅，沿途搜奇访胜，留下了脍炙人口的天台山、雁荡山、黄山、庐山、嵩山、华山、五台山、恒山等名山游记 17 篇；后期西南地区之行，更是在探寻山川源流、风土文物的同时，重点考察记述了喀斯特地貌（石灰岩）的分布及其发育规律，写有《浙游日记》《江右游日记》《楚游日记》《粤西游日记》《黔游日记》《滇游日记》等。

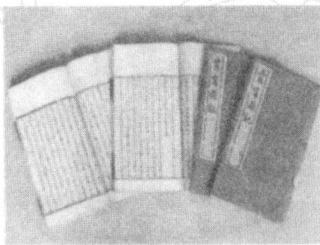
《徐霞客游记》书影

江苏江阴市徐霞客故居中的"崇礼堂"正厅

徐霞客摈弃利禄，毕生从事旅游考察事业。详细考察和科学记述了喀斯特地貌的类型、特征、分布、成因及各地区间的差异。仅在云、桂、黔三省区，他就亲自探查过 270 多个喀斯特洞穴。具体记载了洞穴的方向、高度、宽度和深度，指出一些岩洞是由水的机械侵蚀造成的，钟乳石是含钙质的水滴蒸发后逐渐凝固而成。对文献记载的关于中国水道源流的一些错误作了纠正，如肯定金沙江是长江上源，从而否定流行了 1000 多年的《尚书·禹贡》关于"岷山导江"的旧说。正确指出河岸弯曲成岩岸近逼水流之处冲刷侵蚀厉害，河床坡度与侵蚀力的大小成正比等问题。科学地解释了喷泉的发生和潜流作用的形成。对各地许多植物的生态品种作了较仔细的观察和记述，明确提出了地形、气温、风速对植物分布和开花时间的各种影响。对云南腾冲打鹰山的火山遗迹进行了详细调查，科学地记录与解释了火山喷发物红色浮石的产状、质地及成因。

江苏江阴市徐霞客墓前塑像

在中国，他也是最早一位详细描述地热现象的人。

徐霞客每到一地，便把所到之处的所见所闻生动而真实地记载下来。死后由他人整理，形成一部以日记体裁为主的地理名著——《徐霞客游记》。霞客逝世后，原稿散佚。《游记》先后有 30 多种手抄本和刻印本。以 1980 年褚绍唐、吴应寿整理的上海古籍出版社出版的《徐霞客游记》最为完善，共 62 万字，存有日记 1050 天。包括名山游记（占 7%）、西南游记（占 91%）、专题论文和游记（占 2%），内容以地貌、水文、植物等为主，涉及历史地理、社会政治、经济、民族风俗、城镇聚落等，十分丰富。为研究中国地理提供了稀有而宝贵的资料。并且文笔生动，亦是一部上乘文学作品。

徐霞客开创了中国地理学走上系统实地考察、研究自然规律的新方向。他在中国地理学史上前无古人的卓著贡献，尤其是关于喀斯特地貌的记述和研究，早于欧人两个世纪，居于当时世界领先水平。

计成著《园冶》

计成（1582 年—？ 年），字无否，明末苏州吴江人，是一位能诗善画的造园家。青年时代游赏祖国名山大川，中年回到江南，专事造园，并且依据自己丰富的实践经验写成《园冶》一书，详尽论述造园理论，被誉为世界造园学的最早名著。

《园冶》全面总结了我国自然山水式园林的造园经验、营筑原则和具体手法。全书分为兴造论和园说两部分。兴造论中高度概括和精辟总结了中国古典园林艺术特征。提出造园要"巧于因借，精在体宜"，"虽由人作，宛自天开"的独到见解。强调"构园无格"，造园无固定格式，须从客观条件出发，扬长避短，发挥其特点"随基势之高下，体形之端正，碍木删桠，泉流水注，互相借资，宜亭斯亭，宜榭斯榭，不妨偏径，顿置婉转"，达到"精而合宜"，"构园得体"的效果。强调在园林经营中，师法自然，经概括提炼，创出真山真水意境，将自然美与人

拙政园远借北寺塔，体现了《园冶》提出的"嘉则收之"的借景构想。

精巧空灵的海棠春坞庭院。这是小庭院处理的佳例。

工美融为一体，并且要突破空间的局限，充分扩大视野和观赏的广度、深度，提出"园虽别内外，得景则无拘远近"，使园内外的景色融为一体。

园说中分相地、立基、屋宇、装折、门窗、墙垣、铺地、掇山、选石、借景等 10 专项并附图 235 幅。在园说中提出把园林意境的经营和人们的心灵感受联系起来。并在 10 个专项中，具体详尽论述从园林规划布局、园林建筑、植物的配置和艺术风格乃至具体的施工工艺和做法等。最突出的一点就是，计成在对假山石的选用上破除当时对太湖石的迷信，提出扩大用材范围，不仅节省造价，而且还收到意想不到的效果。

计成通过大量造园实践，在《园冶》一书中系统总结了我国古典园林的造园经验，极大推动了我国园林艺术特别是清代园林的发展。

宋应星著成《天工开物》

宋应星（1587 年—约 1661 年），字长庚，江西奉新人。万历四十三年（1615 年）中举。先后出任江西分宜县教谕、福建汀州推官、安徽亳州知州。

《天工开物》插图

《天工开物》插图

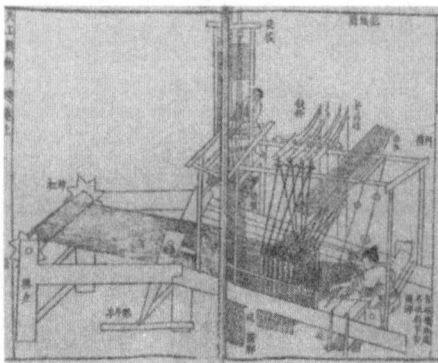

《天工开物》插图

清兵入关后，辞官归里，专心著述。任官期间，留心观察学习劳动群众的生产技术，注意搜集和积累科技资料，并亲自参与各种生产实践和调查研究。鄙视功名利禄，《天工开物序》有"此书于功名进取毫不相关也"之语。厌恶空谈性理，究心实学。主要著作有《天工开物》《卮言十种》《画音归正》《杂色文》《原耗》《春秋戎狄解》《美利笺》《观象》《乐律》等10多种。除《天工开物》外，均已失传。近年陆续发现其4篇佚著的明刻本：《野议》《论气》《谈天》和《思怜诗》。

《天工开物》是宋应星任江西分宜县教谕时著成。崇祯十年（1637年），宋应星的朋友涂伯聚为之刊行，是为初刻本；明末由杨素卿再为刊印。

《天工开物》分上、中、下编。全书依"贵五谷而贱金玉"的原则，分为18个类目，每类1卷，分别为：乃粒（谷类）、乃服（衣类）、彰施（染色）、粹精（粮食加工）、作咸（制盐）、甘嗜（制糖）、陶埏（制陶）、冶铸（铸造）、舟车、锤锻、燔石（烧炼矿石）、膏液（制油）、杀青（造纸）、五金（金属冶炼）、佳兵（兵器）、丹青（朱墨）、曲药

（酿造）、珠玉。几乎涵盖了古代中国工农业生产各个部门的生产技术。书中附有作者自绘的插图 120 多幅，画面生动、线条清晰、比例适当、有立体感，真实而直观地反映了古代各种器物的形状、结构及其原理，以及各种工艺的生产工序或生产过程。全书上编记载谷物豆麻的栽培和加工方法、蚕丝棉苎的纺织和染色技术，以及制盐、制糖的工艺等。中编记载砖瓦、陶瓷的制作，牢船的建造，金属的铸锻，煤炭、石灰、硫磺、白矾的开采或烧制，以及榨油、造纸的方法等。下编记载金属矿物的开采和冶炼，兵器的制造，颜料、酒曲的生产，以及珠玉的采集和加工等。

《天工开物》广泛地总结和记录了中国古代劳动人民在农业和手工业生产技术等方面的丰富的生产实践经验，真实地反映了中国的某些工艺技术水平处于当时世界上先进或领先的地位。如陶瓷制造从选料、制坯、入窑烧制等一系列生产设备、方法和程序，制造竹纸和皮纸的设备和方法，丝绸纺织和提花技术，矿藏开采过程中的井下巷道支护、通风、矿井充填及选洗技术，用铜和锌两种金属炼制黄铜，等等。该书在科学技术上多有创见，如"种性随水土而分"，说明物种可以发生变异，为品种改良提供了理论根据，比欧洲早了 120 多年。该书记述和总结的一些方法、技术或经验，直到今天还在使用或具有重要的参考价值，如用砒霜拌麦种防治虫害，施用骨灰、石灰改良土壤，用压榨法和水代法提制油脂，用晒盐法代替煎盐法制取海盐，用石灰中和蔗法的酸性和除去杂质等措施，以及在金属铸造过程中金属热处理技术等。

《天工开物》是了解中国古代科技成就的重要文献资料，是国际公认的世界科学名著。

徐光启《农政全书》刊行

崇祯十二年（1639 年），徐光启所著《农政全书》刊行。明末杰出的科学家、农学家徐光启从天启五年（1625 年）开始撰著《农政全书》，到逝世时

《农政全书》手稿

完成初稿。后经门人陈子龙修订整理，于崇祯十二年（1639年）刊行。该书与后魏贾思勰的《齐民要术》、元官修的《农桑辑要》、王祯的《农书》以及清代官修的《授时通考》一起并称为我国的"五大农书"。但其篇幅最长，比《齐民要术》多7倍，比王祯的《农书》也多6倍。

徐光启（1562年—1633年），字子先，号玄扈，南直隶松江府上海县（今上海市）人，万历三十二年（1604年）进士，官至礼部尚书兼东阁大学士、文渊阁大学士。他一生著译颇多，如翻译著作《几何原本》《泰西水法》等，成为介绍西方近代科学的先驱。同时，他还从事了天文、历法、数学、军事等方面的研究工作。但他一生用力最勤、影响深远的要数农业与水利方面的研究，除《农政全书》外，还著有《甘薯蔬》《吉贝疏》《芜菁疏》《北耕录》等书，而以《农政全书》最为著名。

《农政全书》分12目，共60卷，70多万字，包括农本。田制、农事、水利、农器、树艺、蚕桑、蚕桑广类、种植、牧养、制造和荒政等，对当时农业生产的经验进行了系统全面的总结，为后世农学的发展作出了重大贡献。全书条理分明，层次清晰，其结构体系可以说是对我国几千年传统农业所作的最好概括。

《农政全书》体现了徐光启先进的学术思想，包含他对科学认识和研究方法的独到见解。首先，徐光启重视农政措施和农业技术两方面的研究，这是其他综合性农书中所没有的。其"农政"部分包括屯垦、水利、备荒三项，篇幅几乎占全书的一半。这是他企图针对明末朝政腐败、生产凋蔽、农民无法生存的严重情况所提出的补救措施。他认为屯垦、水利、备荒这三项是保证农业生产和劳动者生活安定必备的条件。徐光启认为："垦荒足食，万世永利。"而要使各地特别是西北地区荒废的田地恢复生产，水利是必要的生产条件，故此书中讨论水利问题便用了9卷的篇幅。所谓荒政是治标，水利是治本，二者均是徐光启农学思想的组成部分。书中"荒政"类多达18卷，综述

《农政全书》书影

《农政全书》插图

和分析了历代备荒政策和救灾措施等，并全部附录《救荒本草》和《野菜谱》二书。其次，徐光启重视人的作用，反对条件决定论。他既有风土论，又不唯风土论。认为品种的引种其中亦有不宜者，则是寒暖相违，天气所绝，无关于地，为引种及推广新作物种类和品种扫清了思想障碍，对促进明代农业发展作出贡献。第三，徐光启在书中克服了前代农书对作物栽培技术叙述得不完整的缺点，吸收了谷、蓏、果、蔬、杂等分类法，对各种农作物的栽培技术进行了详细、较为完整的描述。书中还首次全面总结了棉花和番薯的栽培经验。此外，书中还引入数理统计方法来研究蝗虫发生规律，在研究方法上进行了一次大胆的创新。

徐光启在撰写《农政全书》时，除搜集了大量前人的文献资料外，还记下了他本人在农学上许多宝贵的心得。如讲梧桐，说"江东江南之地"如何如何；讲椒子，便说"晋中人多以炷灯也"等，论述比其他农书更为贴切、深刻。他把理论与亲身实践结合起来，掌握了农作物特性及栽培的第一手材料。对前人的文献不是盲目抄录，而是经过精心的剪裁，去其糟粕，取其精华。书中仅农作物类，便有近80种写有"玄扈先生曰"的注文或评语，阐述自己独到的见解及经验。这在古代农书中也是别具特色的。

孙云球制造光学仪器

　　明末清初，孙云球制造光学仪器 70 余种，"巧妙不可思议"，成为当时著名的光学仪器制造专家。

　　孙云球（17 世纪 30~60 年代），字文玉，又字泗滨，吴江（今江苏吴江县）人，自小喜欢钻研，玩弄器械之类，曾设计创制"自然晷"来测定时刻。明末清初，随着传教士大批来华和贸易的发展，许多物品由国外传入中国，其中眼镜当时也由国外传入，尤以远视远镜为主，这种远视眼镜质料为玻璃，对于中国来说，是一种稀有的贵重物品，孙云球根据这种远视玻璃眼镜，用手工磨制水晶石代替玻璃，制成远视和近视眼镜，并采用"随目对镜"验光制镜，使患者配到合适的眼镜，苏州以此为开端成为我国制造眼镜的重要地方之一。孙云球在磨凸、凹透镜的基础上加以改进，制造出我国第一台望远镜，并创出存目镜、多面镜、幻容镜、放光镜、夜明镜等 70 余种光学仪器，且进一步总结了制造各种光学仪器的经验，写成《镜史》一卷，在各地推广，使当时许多市场"依法制造，各处行之"，大大促进了光学仪器事业的发展及科技水平的提高。

汤若望进呈《新法历书》

　　顺治元年（1644 年）十一月明朝徐光启历局编纂但不能颁用的《崇祯历书》，经传教士汤若望删改压缩，由 137 卷变为 103 卷，更名为《西洋新法历书》并进呈给清政府，得以接纳颁行，并成了计算历法的依据。

　　曾在徐光启历局共事并参与《崇祯历书》编纂的耶稣会士汤若望对明政

府未能颁用《崇祯历书》感到不满。他寄希望于清新政权。并为此迅速推算出当年8月日食的情况，希望通过日食预报的应验，推荐新历法借以提高自己的地位，同时得到更大的传教自由。顺治元年（1644年）六月他给清帝上书说："臣于明崇祯二年来京，曾依西洋新法厘订旧历，今将新法所推本年八月一日日食，京师及各省所见食限分秒并起复方位图像进呈，乞届期遣官测验。"及期，清政府派大学士冯铨和汤若望一同赴灵台测验，后冯铨回奏说用大统历和回回历推算的日食时刻都有差，唯有按西洋新法所推算"一一吻合"。这一招使清政府决定接受《新法历书》，新法得以认可。同年十一月，汤若望受命掌管天监事。但是在进呈的奏文中，汤若望抹杀了徐光启历局中众人的工作，说"臣创立新法……著为新历百余卷"，把一切成绩都记到他个人的名下。

《新法历书》不同于中国过去历法，它以1/3以上的篇幅介绍天文学基本理论，全部是欧洲古典天文学的内容。它采用第谷为维持地球在中心不动而创立的宇宙模式，彻底抛弃了浑天说、盖天说等中国传统的宇宙模式。

《新法历书》还以大量的篇幅介绍了相当于中国东汉时期人物的托勒玫及其名著《天文学大成》。托勒玫的著作是西方古典天文学总结性的巨著，有许多中国古代天文学所完全没有的内容和方法，如大地是有海洋和陆地的大圆球的地球思想，地理纬度对昼夜长短影响的计算，日、月、地的相对距离等等，丰富了中国天文学界的知识，拓宽了中国天文学家的眼界和思路。该书有关西方天文学知识不仅包括古典天文学，而且有不少当时欧洲天文学的最新成就，如哥白尼、伽俐略和开普勒的一些论点。

《新法历书》的颁行，虽未真正转变中国天文学的体系，但从客观上促进了中国天文学的发展，使欧洲天文学体系的理论成为编算历法的理论，计算方法也大量取自欧洲，多少促进了中国天文学体系的转变。

南怀仁修正历法

清代历书书影

康熙七年（1668 年）十二月，南怀仁劾奏钦天监监副吴明烜所修历书有差错，指出原历所定康熙八年内闰十二月，应是次年（康熙八年）正月，且有一年两次春分、两次秋分种种误差。十五岁的康熙皇帝不持偏见，命二十名朝廷大臣将南怀仁、吴明烜两派人物一齐召集到东华门观象台进行实测。验证推算历法的结果，立春、雨水、太阴、火星、木星与南怀仁所指诸款均相符合，而与吴明烜所修者不合。后经再次评议，证明杨光先身为监正，解决不了历日的差错，袒护吴明烜，攻击西洋历法。康熙传旨，将杨光先革职，任

藏历的封面画页，其年代，据考证应在明清之际（约 17 世纪中叶）。布质，彩色写绘而成。内容有十二生肖、五行、八卦、九宫（即三三幻方）、飞九宫和卜算用的其他图表等。

南怀仁为钦天监监副，并更正以前历书中的错误；以后节气占候，均从南怀仁之言。南怀仁任职后，改造了观象台仪器，制成黄道经纬仪、赤道经纬仪、地平经仪、纪限仪、天体仪，并绘图立说，编成《灵台仪象志》一书，为此，清廷特擢升南怀仁为监正。康熙十三年（1674年），加太常侍聊。十七年（1678年），著成《康熙永年历法》32卷，加通政史。二十七年（1688年）南怀仁死，清廷赐谥"勤敏"。

南怀仁建新仪器

明末清初守旧和革新两种天文学体系的不断较量，胜败时有反复。直到康熙八年（1669年），守旧势力完全失败，清政府废大统与回回二法，重新采纳《新法历书》体系。南怀仁对此起到了十分重要的作用。康熙八年初，清政府任命南怀仁为钦天监监副；同年八月，南怀仁上疏请改制新的天文仪器，并呈上新仪器的式样，用以代替大多已毁坏的旧的天文仪器，结果获准。

康熙十二年（1673年），按南怀仁所绘图样所造的6台天文仪器赤道经纬仪、黄道经纬仪、地平经仪、地平纬仪、纪限仪与天体仪全部完成，放置于清观象台上。由于其时历法已采用了欧洲体制，用了360°制和60进位制，这些天文仪器也一律改用了新体制。南怀仁还写出以上仪器原理及其使用方法的说明《灵台仪象志》呈给皇帝，后被提升为钦天监监正。

赤道经纬仪类似于古代浑天仪，功能也大致相同，主要是作恒星位置相对测量和真太阳时测量的。但它刻度是新制且较精密，在结构上与传统仪器也稍有不同，如中间极轴上不安装望筒，在固定的赤道环上和可转

赤道经纬仪。清康熙十二年（1673年）造。主要用以测定太阳时，天体的赤经差和赤纬。

清康熙十二年（1673年）造纪限仪（即六分仪）。

动的赤经环上各有四个游表，以游表上的缝与极轴、天体在一个平面上为对中目标，并在卯酉面上通过南天极装有半环，使仪器赤道有四个支撑点以防止赤道变形。

黄道经纬仪外形和赤道经纬仪相像，最主要的测量功能是作天体黄道坐标的相对测量和各节气的宫度，也有负圈附件用在测量在黄道上的天体。

地平经仪和地平纬仪外形完全欧洲风格，但有纯中国化的龙装饰，其功能和郭守敬所制简仪附属的立运仪相同。但其分成功能单一的两仪，不够紧凑。

纪限仪测量两个天体之间角距，还能量日月及晕的直径，纯属西方天文仪器。

天体仪在中国古代称浑象，可以模拟天体运动，演示不同时间的天象，造型为直径6尺的大铜球上布满大小不同的铜星，表示肉眼所见亮暗不等的恒星。

南怀仁的天文仪器的制成再一次显示出清代天文学从大的格局上仍然处在传统天文学的框架中。

南怀仁铸神勇大炮

康熙十三年（1674年）八月，康熙命治理历法的南怀仁造火炮应军需之急。于是，南怀仁尽心竭力，运用妙法制造出轻巧的火炮。次年五月，火炮铸成。康熙亲往卢沟桥炮场检验。这种炮炮身小，火力强，命中率极高，可放置在骡马背上行军，非常轻便，容易运输。康熙对此大加称赞。从此，这种火炮大量生产，一年内铸造约350门。清军将士称此炮为"得胜炮"，康熙二十年（1681年），康熙帝将其定名为"神威将军炮"，并用它武装八旗军士。

南怀仁还向康熙帝呈上《神炮图说》一书。在书中，他详细地介绍了这种炮的制造方法和使用技巧。康熙又谕命南怀仁制造各种型号更有威力的火炮。此后，南怀仁又制造了其他型号的火炮，并对旧炮加以修理。康熙为表彰南怀仁的功劳，加封他为工部右侍郎。南怀仁铸造的火炮，轻便

南怀仁铸的神威将军炮

利于登涉，应了军需之急，在铸炮史上值得大书一笔。

梅文鼎融汇中西天文学

清康熙十四年（1675年），天文学家和数学家梅文鼎从《崇祯历书》入手，研究西洋历算。从此，他结合中国古代已有的天文知识，引进、学习西洋的天文理论，融汇贯通，创获颇多。

梅文鼎（1633年—1721年）字定九，号勿庵，安徽宣城人。早年跟从罗文宾学天文，后拜倪观湖为师，学习明代《大统历》。1705年受康熙皇帝召见，讨论历算。

清末制造的小天体仪

一生四处游学，手不释卷。著书80多种，主要是关于天文学和数学方面著作，传世的有《勿庵历算全书》29种76卷和《梅氏丛书辑要》23种60卷，包括《历学骈枝》5卷、《历学疑问》3卷、《疑问补》2卷、《交食》4卷、《七政》、《五星管见》2卷、《揆日纪要》1卷、《恒星》纪

要 1 卷、《历学问答》1 卷、《杂著》1 卷共 10 种 20 卷天文学方面专门著作。其成就被誉为"国朝算学第一"。

在传统天文学方面，梅文鼎对中国已有的《授时历》《大统历》《崇祯历书》等进行了系统的解释和研究。在元郭守敬《授时历》的研究中，他最早提出用几何方法解释求日食三限（初亏、食甚、复圆）时刻和月食五限（初亏、食既、食甚、生兴、复圆）时刻的道理。他利用西方天文学中的球面三角学理论考校《授时历》等，改正了《大统历》中有关交食问题上几个数据错误。在引进西方天文学方面，他重点做了五个方面的工作。（1）系统整理和介绍了散见于《崇祯历书》《历学会通》以及托勒密《天文学大成》中的西方星辰，并用中国星名全部考出《西国三十杂星考》中的星辰。（2）对《崇祯历书》中关于求太阳、月亮及五星的位置和计算方法也进行了系统整理分析。（3）引进黄道坐标系，用以确定天体位置。（4）介绍与讨论如何用小轮方法来解释某些天体运动的规律，用偏心圆方法来说明太阳的视运动，并对小轮的实在性提出质疑。（5）他还介绍、研究了伊斯兰历法，对回回历中行星的运行与中国旧有历法中五星运行各段互相配合的问题进行了深入的研究。

梅文鼎毕生致力于阐发西学要旨，表彰中学精萃，为融汇中西天文学作出贡献。

陈潢治河

水满沙多的晋陕峡谷

陈潢（1637 年—1688 年），字天一，号省斋，浙江秀水（今嘉兴）人。他平生留心于"经世致用"之学，尤其注意水利的研究，成为一位平民出身的卓越的水文地理学家和治黄专家。陈潢青年时代受聘做了安徽巡抚靳辅（1633 年—1692 年）的幕客，在兴修水利、开垦荒地等方面取得了显著的政绩。

陈潢进一步阐明了明代潘季驯的治水理论，认为流水有一定的规律，治水应掌握其规律，因势利导。他认为流水最主要的规律就是"趋下"。因此，流水避逆而趋顺，避壅而趋疏，避远而趋近，避险阻而趋理易。黄河的三大特点是"善淤、善决、善徙"，而善淤是其最根本之点。陈潢正确地认识治河必先治沙，要治沙就要对黄河全盘考虑，才能达到治本的目的。在治黄方法上，陈潢继承和发展了潘季驯筑堤束水，以水攻沙的思想，但同时他采取因地制宜、勘察审势的方法，主张河水该分则分、该合则合。另外，陈潢还创造性地发明了测水法，相

清冽黄河上游

当于现在的测量流速流量的方法。这是陈潢对中国水利事业的重大贡献。

陈潢为后人留下了《河防述言》及《治河方略》两部著作，都是中国古代治黄的重要著作。

颜元主持漳南书院

康熙三十五年（1696 年），著名学者颜元开始主持漳南书院。23 岁后，颜元开始办学塾教授子弟。与此同时，潜心学问，孜孜不倦，终于成为清代前期著名的启蒙思想家和教育家。颜元是一个朴素唯物主义者和功利主义者。他主张习行、践履，提倡学以致用。这些思想自然也体现在他的教育实践中。颜元主持漳南书院时，已经 62 岁。他大胆对旧教育制度实行改革，在书院里分设文事课，教礼、乐、书、数、天文、地理等；武备课，教兵法、攻守、

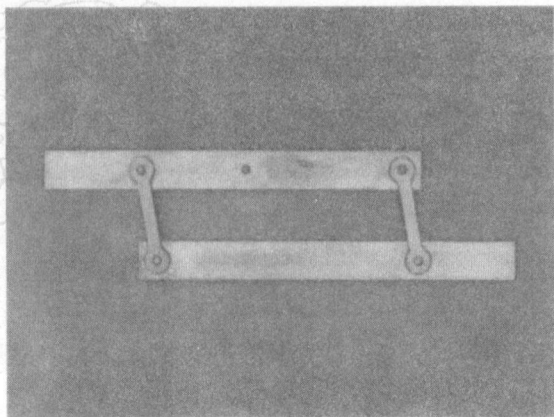

清代铜平行线尺，可用于测量和绘图。

营阵、陆水诸战法及射、御、技击等；经史课，分十三经、历史、诰制、章
奏、诗文等；艺能课，分水学、火学、工学、象数等，废除八股篇章，务使
学生学到富国强兵的真本领。同时他注重教育与实践相结合，反对闭门诵读，
静坐修养。颜元提倡的教育内容和方法，在当时均具有创新意义。漳南书院
的改制，在颜元一生中也具有重要地位。颜元主持书院仅半年时间，书院即
被洪水冲毁。由于资财有限，无力再举，颜元不得不怅然返家，他以教育振
兴民族的理想遂未能实现。

孙从添著《藏书纪要》

清代不但盛行私人藏书，而且在藏书理论上也颇有建树，其中最珍贵的
论著当推孙从添的《藏书纪要》。

孙从添是乾嘉时江苏的藏书家，他写的《藏书纪要》是一部关于藏书建
设的理论专著。全书分购求、鉴别、抄录、校雠、装订、编目、收藏、曝书
八部分，书中详细讲述了鉴别宋元明版书的具体技巧，以及利用宋椠元刻作
为底本进行校勘的技术方法。在其中的编目一节里，孙氏提出了整理藏书的

《藏书纪要》

四套目录：（1）总目录，分经、史、子、集四部分。（2）宋元版本，抄本书目。要特别注明版刻年代及题跋者、收藏者等。此为善本目录。（3）分柜目录。书柜应先行编号，再附以柜内藏书目录，若有人借阅，即可在书目上记下借书人姓名及借还日期等。此为排架目录。（4）有关上架、装订之目录。记载正在装订、需装订与补配之书。这表明孙氏不是一个仅满足于坐拥书城，死读藏书的一般藏书家，而是一个真正的图书管理学家和目录学家。

《藏书纪要》是清中期唯一一部向世人介绍藏书技术的专著。他所提出的一整套藏书方法为历代藏书家所遵循，许多编纂珍本书目的术语也都出自本书，对统一藏书理论起到很大作用，同时，更有许多人依此书作为鉴别宋元版本的依据。总之，就藏书学理论而言，《藏书纪要》占有极其重要的学术地位。

梅文鼎融通中西数学

清初，随着西方科学知识的传入及统治者对自然科学的重视，中国知识分子形成了一股学习西学的潮流，出现了一位融通中西数学的伟大数学家——梅文鼎。

　　梅氏的数学研究范围广，其中"融通中西"是他数学工作的一个重要方面。他积极主张"汇通中西"，将两个不同传统的数学体系融合在一起，以便顺利地吸收西方数学成果，并为此做了大量的工作。首先，他努力整理西方数学，并对其做出明确的阐发，把平面几何学、球面三角学、平面三角学、立体几何、笔算、纳贝尔筹算、比例规等分别按照逻辑重新编排，改正错误，补充证明，使零散传入的数学知识系统化。其次，他对传统的方程论、开方术、内插法等做了不少整理和探讨，并在此基础上，把纳贝尔筹和笔算都改成中国式，又试图用勾股理论来汇通西方初等几何等。最后，在整理、阐发中西数学成果的同时，梅氏将获取的大量成果撰写成大批论著，共计 100 余种，在正多面体和半正多面体、勾股互求、勾股圆相容、三角理论、理分中末线、几何作图、算术运算律等，特别是在球面三角学和画法几何方面有不少创见。如利用立体几何模型和投影原理把球面三角形问题化为平面几何问题加以研究和解决，取得了出人意料的成果。他的论著图文并茂，论述精辟，语言流畅，研究起来十分方便。

天算学家明安图去世

　　乾隆三十年（1765 年），天算学家明安图去世，终年 73 岁。

　　明安图，字静庵，蒙古正白旗人。幼年即选为官学生，入钦天监学习，为康熙亲自培养的天文数学方面的人才，曾参与《历象考成》《数理精蕴》等书的编纂。康熙年间来中国的法国传教士杜德美，曾向中国介绍过西方新的数学成就割圆三法，包括圆径求周，弧背求正弦，弧背求正矢。但对于"立法之源"却秘而不宣。明安图遂发奋钻研割圆术和求圆周率的新方法，积累三十余年，写出《割圆密率捷法》初稿。该书不仅独立地论证了杜德美不肯说出的三种方法的"立法之源"，而且创造了十个新公式，合前总称为割圆十三术，即圆径求周，弧背求正弦，弧背求正矢，弧背求通弦，弧背求矢，通弦求弧背，正矢求弧背，矢求弧背，正弦求弧背，余弦求正弦正矢，余矢余弦求本弧，借弧背求正弦余弦，借正弦余弦求弧背。明安图的这些论证，第一次突破了用几何方法求圆周率近似值，采用解析方法计算圆周率，用连比例归纳法证明割圆术。因而他的《割圆密率捷法》，被清代学者称为"明氏新法"，明安图被誉为"弧矢不祧之宗"。

戴震著《孟子字义疏证》

戴震（1724年—1777年）不仅在文字、音韵、训诂方面有突出的成就，开皖派学风，而且在哲学和伦理学方面也有较进步的思想。在他的《原善》《孟子字义疏证》和《答彭进士允初书》等哲学、伦理学代表作中都有体现。而《孟子字义疏证》是他最为得意的力作，充分展现了他的哲学、伦理学思想。

《孟子字义疏证》（清刊本）

《孟子字义疏证》原题《绪言》《孟子私淑录》，共3卷。乾隆四十二年（1777年）戴震逝世前不久成书。该著通过阐述《孟子》中的"理"、"天道"、"性"、"才"、"道"、"仁义礼智"、"诚"、"权"等重要的哲学范畴，以及通过训诂考据探讨古书义理，集中地反映了戴震的唯物主义思想，成为戴震的主要哲学著作。

《疏证》对程朱理学提出的著名命题"存天理、灭人欲"进行了猛烈的批判。

指出：天理与人欲是统一的，"理存乎欲"，不能用所谓天理去禁锢人们的正常欲望。程朱理学所谓的"理"，不过是尊者、贵者、长者用以欺骗和镇压卑者、贱者、幼者的工具。"尊者以理责卑，长者以理责幼，贵者以理责贱，虽失，谓之顺；卑者、幼者、贱者以理争之，虽得，谓之逆"。"人死于法，犹有怜之者，死于理，其谁怜之？"这种观点抓住了程朱理学的弱点，对其批判一针见血，毫不留情，带有强烈的反封建性。因此，在中国近代反封建革命中，屡被资产阶级革命家借用，以宣传反封建，影响不可谓不大。另外，戴震认为"道"是物质性的实体，"气"的变化过程就是道。"气化流行，生生不息，是故谓之道"。"理"指事物的条理，"化物之质，曰肌理，曰腠理，曰文理；得其分则有条而不紊，谓之条理"；"事物之理，必就事物剖析至微，而后理得"；"理"不能脱离具体事物存在。这种唯物主义观点也对后世产生过深远的影响。戴震也因此成为王夫之以后最重要的唯物主义哲学家之一。乾隆四十二年（1777年），戴震逝世。

段玉裁注《说文》并发展古音学

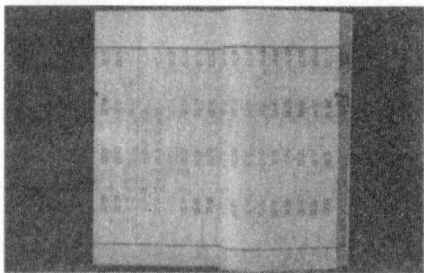

嘉庆道光年间七叶衍祥堂刻本《六书音均表》

　　清嘉庆二十年（1815年），著名的文字声韵训诂学家段玉裁去世。

　　段玉裁（1735年—1815年），字若膺，号茂堂，晚年又号砚北居士、长塘湖居士、侨吴老人。江苏金坛县人。乾隆二十五年（1760年）乡试中举，此后屡试不中。段玉裁精通音韵与训诂之学，著有《古文尚书撰异》《毛诗古文训传定本》《诗经小学》《春秋左氏古经》《六书音均表》及《说文解字注》等30余种。

　　段玉裁花了30多年写成《说文解字注》。他从校勘刻本文字，考究《说文》体例入手，对全书详加注解，引据经传进行诠释。分析文字的形、音、义，以许慎所加字义为字之本义，进而推衍其引申义、假借义，并定其古韵部属。考证详明，博大精深，创见极多，为清代百余种同类著作中最著名者之一。

《六书音均表》集中反映了段玉裁对古音学的研究成果。全书由5个表构成：今韵古分十七部表、古十七部谐声表、古十七部合用分类表、诗经韵分十七部表、群经韵分十七部表。并有论述和说解。段玉裁的古音学研究比顾炎武、江永等人又大进了一步。他提出"同谐声者必同部"的著名论断，首次肯定了谐音偏旁同古韵有全面对应关系，首次将《广韵》支佳等三组韵归为一部，为后世学者所称道。

张明山开创"泥人张"

张明山（1826年—1906年），名长林，河北深州（今深县）人。12岁即作彩塑捏像，18岁一举成名。因常与文人学士及书画家交往，时相唱和，赋诗论画，其彩塑比之一般民间艺人的作品具有较高的艺术情趣和审美意识。

张明山的彩塑技法娴熟，线条严谨流畅，形象生动，尤以人物塑像最为逼真传神。相传他捏塑肖像时，往往在与人交谈中，"搏土于

泥人

手，不动声色，瞬息而成。面孔径寸，而形神逼肖，发眉欲动，观者莫不叹绝。"张明山创作的泥塑作品数以万计，题材有人物塑像、婚丧嫁娶等民俗风情、古典文学和民间传说等。其中，反映民间风俗的"宾仪式"场面庞大，人物形象生动。"惜春作画"、"黛玉抚琴"、"张敞画眉"等曾进贡清廷，现藏于北京故宫博物院和颐和园。张明山还创建了彩塑作坊"塑古斋"，传授技艺，培养人才。其子张兆荣、孙张景祜均承家业，对泥塑艺术有所发展。从张明山起，世代沿称"泥人张"，名扬海内外。

徐继畬著《瀛环志略》

徐继畬像

清末，同《海国图志》相提并论、为世所推许的著作，是徐继畬于道光二十八年（1848年）编成的《瀛环志略》一书。

徐继畬（1795年—1873年），字松龛，号健男，山西省五台县人。他在广西、福建、广东、浙江等省做过知府、道台、按察使、布政使一类的官，接触过许多有关的人，留心世界情况。徐继畬在厦门期间，曾遇到美国传教士雅裨理在鼓浪屿传教，从他那里得到一些世界地理和地图的知识，从此便多方搜集资料，潜心钻研，荟萃采择。《瀛环志略》共10卷，此书全面介绍了东亚、南亚、西南亚、欧洲、非洲、美洲约七八十个国家的地理位置、疆域政区、山脉河流、地形气候、经济物产、人种风俗、历史沿革等地理情况，特别对欧洲的英、法、俄、意、荷、比、葡、奥等16国以及北美国家的地理情况做了重点介绍。此书最大的特点是以地图为纲、文字为说，共绘制了42幅地图，继承了我国古代图志的传统做法，把地图放在重要的位置上。

在19世纪60年代洋务运动兴起之际，此书很为学术界所重视，1866年还被总理衙门刊印，1867年又被用作同文馆的教学用书。清末一些驻欧洲国家的使臣及外交官员，也往往把《瀛环志略》当作了解西方各国情况的手册。此书于1860年前后流传到了日本，并多次刊印，对日本人了解世界、推行维新政治起到积极作用。后来主张变法维新的康有为、梁启超和具有维新思想的学者王韬都对此书深为赞许，认为这本书能激励国民对外的观念，是一本有用的书。

何秋涛研究朔方史

清咸丰八年（1858年），著名历史地理学家何秋涛写成《北徼汇编》一书。咸丰十年（1860年），皇帝赐名《朔方备乘》。

何秋涛（1824年—1862年），字愿船，福建光泽人。他短暂的一生，正是外敌入侵、边疆地区危机四伏的时期。因此，他著的《朔方备乘》在当时有着直接的现实意义。

在《朔方备乘》中，何秋涛着重考察了东北、北方、西北的边疆沿革、攻守形势和中俄关系。在《北徼界碑考》《库页附近诸岛考》等一系列考证中，具体记载了清初沙俄向我国东北边境扩张，两国交兵及我国在自卫反击战胜利后，主动作出某些让步，在两国边界划分疆界、分界立碑的史实。在《俄罗斯学考》《俄罗斯馆考》《俄罗斯互市始末》等考证中，则着重记载了自康熙年间两国定界议和后，经济文化上的友好往来。

对于祖国各民族的大团结，何秋涛极为重视。他认为各族人民的宗教信仰、生活习惯，不能强求一律。清朝前期在处理新疆、西藏、蒙古等问题时，尊重当地民族的风俗习尚，起到了稳定人心的良好作用。沙皇俄国对中国边疆地区的野蛮侵略，必定会遭到我国各族人民的反抗。在《土尔扈特归附始末》一记中，何秋涛不仅详述其始末，而且对此事的重大意义深致其意。

《朔方备乘》因着重于考察中俄边界的历史和现状，故进而考察了俄国的历史、地理以及中俄交通等有关的问题，从而开阔了边疆史地研究的视野。不少内容涉及到中俄关系和中西交通问题。这对了解域外情况也有重要价值。该书撰成、进呈、刊刻之时，正值《瑷珲条约》《中俄天津条约》《中俄北京条约》《中俄勘分西北界约记》等一系列不平等条约签订之际，沉痛的历史，越发衬托出作者的爱国思想和远见卓识。

姜别利制定汉字印刷版式

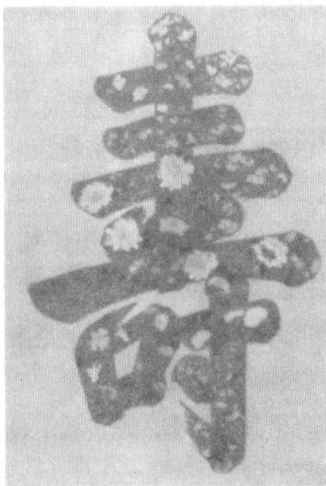

清代缂丝大"寿"字轴

清咸丰十年（1860年），美国人姜别利正式制定汉字印刷版式，为中国近代汉字活字版印刷之始。

姜别利是1858年奉派来华主持美华书馆工作的。美华书馆是美国基督教长老会设在中国的出版、印刷机构，前身为澳门的花华圣经书房，1845年迁址宁波后改名美华书馆。1859年又迁址上海，先后设厂于四川北路，设发行所于北京路。书馆主要出版宣传教义的书籍，也出版一些英语、数学、物理、化学等方面的书籍。姜别利在实践中积累经验，摸索创新，为近代汉字活字版印刷作出了开拓性贡献。

姜别利采用黄杨木刻坯（后改用铅坯）刻字，然后又对之进行不需要电源的化学电镀，镀成紫铜字模心，将之镶嵌于黄铜模壳上，经锉磨后即成字模。他又制成汉字大小字模7种，按大小定名为显字、明字、中字、行字、解字、注字和珍字，以后又改称为1到7号字。

1860年姜别利按照《康熙字典》214部首查字法排列活字，选出5150个汉字作为一副字的字数。又按汉字的使用频率分为繁用、常用、备用三类，分别装放于大小不同的字盘内，计繁、常用字盘24盘（现称"廿四盘"），备用字64盘；他又设计制成了"八字式"排字架，用于放置三类88盘汉字。1869年，姜别利把他的电镀制模技术和7种汉文活字字样传授给日本人，成为中国和日本两国通用的号数制活字。

姜别利为中国近代汉字活字版印刷作出了杰出的贡献，奠定了近代汉字活字印刷的基础，对后世影响巨大。后来国内印刷、出版机构印刷汉文基本沿用姜氏首创的汉字印刷版式。

徐寿制成中国第一艘木质蒸汽机船

同治四年（1865年3月），中国第一艘木质蒸汽机轮船由徐寿等人制成。

徐寿（1818年—1884年）字雪村，江苏无锡人。精研西方自然科学及工程技术。1861年，徐寿与华蘅芳等在安庆内军械所研制火轮船，8月制出蒸汽机模型。1864年，安庆内军械所迁往南京，徐寿等随往继续进行研制。次年，终于制成中国第一艘木质蒸汽机船"黄鹄"号。该船长55尺，重25吨，航速每小时6海里。主机是单缸蒸汽机，汽缸长2尺，直径1尺。

1868年，徐寿入上海江南制造总局翻译馆，先后译出《西艺知新》《汽机发轫》《营阵提要》《化学鉴原》等13种西方科技书籍。

华蘅芳译书

华蘅芳（1833年—1902年），字若汀，江苏金匮（今无锡市）人。他20岁以前就通读了大量数学译著。20岁以后在上海结识李善兰，对李正在翻译的《代数学》《代微拾级数》非常感兴趣。华蘅芳28岁起从事洋务运动，与中国近代第一批工厂——安庆内军械所、江南制造局和天津机器局都有过密切关系。

同治七年（1868年），江南制造局设立翻译馆，华蘅芳被聘入馆，担任数学及其他科学著作的翻译。他与傅兰雅共译的数学书有：

《代数术》25 卷（1872 年），《微积溯源》8 卷（1874），《三角数理》12 卷（1877年），《代数难题解法》16 卷（1879 年），《决疑数学》10 卷（1880 年），《算式解法》14 卷（1899 年）等。其中，《决疑数学》因其初次将概率论引入中国而特别引人注意。该书共 10 卷 160 款。卷首"总引"以 3000 字篇幅叙述了概率论的简史，并再三强调概率论在研究社会问题中的作用及其他各种应用。前几卷是古典概率，引用了大量古典名题，十分生动，至

清同治年间的外国传教士

今仍有参考价值。卷 6 为人寿概率问题。卷 7 为定案准确率问题。卷 8 为大数问题。卷 9 第 128 款计算彗星轨道平面与黄道平面交角的概率，133 款提出用二重积分进行计算的概率曲线，并绘出曲线坐标图。卷 10 为最小二乘法。

华蘅芳译书继承了李善兰采用的数学名词，同时又有创新，如增加了实根、迭代法、排列等名词。

华蘅芳的不少译作内容较新，对当时的代数学、三角学、微积分学和概率论等各个数学分支作了系统的介绍。总的来看，华蘅芳所译各书的内容平易而广博，译文也明白晓畅，可读性较强，因而有的译作被当时的各种学堂选为课本。

徐寿传入现代化学

同治十年（1871 年），徐寿所译《化学鉴源》一书由江南制造局出版。

徐寿精通天文历算，善于制作，弃绝科举，转而研究格致之学。1855 年，

他读墨海书馆的《博物新编》，开始钻研化学。他一生共译化学等科技书籍35部，约290多万字，比较系统地反映了近代化学的主要内容，对奠定中国近代化学基础具有重要意义。其中以《化学鉴源》最为重要。

《化学鉴源》是一部讨论普通化学的书，出版后风行一时。《化学鉴源续编》是专论有机化学的书，《化学鉴源补编》是专门讨论无机化学的书，其中已叙述到1875年发现的新元素镓（Ga）。《化学鉴源》一书内容是定性分析化学，《化学求数》则是定量分析化学。再加上徐寿之子徐建寅译的《化学分原》和汪振声译的《化学工艺》，可以概括19世纪70~80年代近代化学知识的主要部门，它们不仅对我国近代化学的发展起了奠基作用和启蒙作用，而且影响远至日本。

徐寿是中国近代化学的先驱者，为我国传入化学作出了积极的贡献。首先他确定了化学基本物质的中文命名原则。徐寿以前，大部分的化学元素在汉语里没有现成名称可用。到徐寿译书时，化学元素已经有64个。如根据"养气"、"轻气"之类以性质命名的原则继续下去，便十分困难。因此徐寿提出了一个取西文第一音节造新字的命名原则。如钠、钾、锰、镍、锌、镁、钙、钴等都是徐寿创译的，一直沿用到今天。从那时开始，中国才有了一套系统的元素名称。今天通用的元素中文名称基本上是采用那时决定下来的原则。《化学鉴源》就是中国第一本中文化学元素表。1882年同文馆也曾出版了一本由法国教习毕利干口译、承霖和王钟详笔述的《化学阐元》。这本教材采用了另外一套元素命名原则，即按照元素的特性造字，因太难记，未能被后人采用。而徐寿运用的命名原则为我国元素名称的建立奠定了基础。此后又经过化学工作者几十年的努力，不断修正改进，才完备了现在的化学名称。

詹天佑修筑铁路

詹天佑（1861年—1919年），字眷诚，广东南海人。同治十一年（1872年）作为清政府派出的第一批幼童生赴美国留学，1881年以优异成绩毕业于

詹天佑像

美国耶鲁大学土木工程系。同年回国，就学福州船政局后学堂。此后，相继在福州船政局、广东博学馆、广东海图水陆师学堂任教。曾修建炮台并测绘中国第一幅海图——广东沿海图。1888年起，参与和主持修筑多条铁路，成为中国铁路工程的先驱。

詹天佑先后参与修建、勘测和主持修建的铁路路线有：京奉铁路、江苏铁路、京张铁路、张绥铁路、津浦铁路、洛潼铁路、川汉铁路、粤汉铁路和汉粤川铁路等。1905年—1909年，他以总工程师的身份主持修建的京张铁路全长200多公里，是第一条由中国人勘测、自行设计和施工的铁路。詹天佑克服种种困难，以有限的经费、高超的技术，用复式大功率机车前引后推，大坡度"之"字线展线，越过险峻的八达岭；并采用新工程技术，减少了工程数量，缩短了工期，节约了费用，受到中外人士的高度赞扬。

此外，詹天佑还勘测设计并主持修筑了中国自建的川汉铁路宜昌至万县段以及主持了粤汉铁路和汉粤川铁路的修建工程。在修路过程中，他在土木工程上多所创造。他采用竖井法修建了当时中国最长的1091米的八达岭隧道；在津榆铁路滦河大桥工程中，使用气压沉箱法建筑基础；解决津浦线黄河大桥的桥孔布设问题；在全国推广使用自动车钩；采用标准铁轨等。詹天佑主持修建工程强调反复勘测调查，其设计讲究实用、安全、经济。他还主持制定了铁路建设技术标准和规范，为中国早期铁路建设统一技术标准打下了基础。

1909年，詹天佑获清政府工程进士第一名。1912年，詹天佑创办中华工程师会并担任第一任会长。他还相继被英国铁路轨道学会、英国皇家工商技艺学会、英国北方科学文学艺术学会、美国土木工程师学会吸收为会员。1916年，他获香港大学法学博士学位。此外，詹天佑还编写了中国第一部《华英工学字汇》，另外并著有《京张铁路工程记略》等著作。

华蘅芳制成中国第一个氢气球

光绪十三年（1887年），中国第一个氢气球由华蘅芳制作成功。

1885年，天津武备学堂购买了一个中法战争时法军在越南前线使用过的旧气球，并请了德国教习修复，以供学生实习参考。无奈德国教习无法修复，遂请科学家华蘅芳制造。1887年，华蘅芳经多次试验，终于制成一个直径5尺（约1.7米）的气球，并以自行制备的氢气充气，成功地升空。这就是第一个由中国人自行研制成功并在中国升空的氢气球。

冯如制成飞机

宣统二年（1910年），冯如所制双翼飞机试飞成功。

冯如，广东恩平人，生于光绪九年（1883年），因家境贫寒，自幼即随亲眷赴美国，在旧金山和纽约等地做工谋生。在纽约工厂里，他刻苦钻研，掌握了不少机械技术、机械学知识及电学理论。光绪二十九年（1903年），莱特兄弟发明的飞机试飞成功，冯如深受影响，遂立志从事飞机制造。光绪三十二年（1906年），冯如回到旧金山，开始钻研飞机的设计和制造。在旅美华侨的热心资助下，冯如于次年在旧金山以东的奥克兰制造飞机，并于宣统元年（1909年）建立了广东飞行器公司，同年制成一架飞机。八月八日，冯如驾机在奥克兰试飞成功，美国新闻界报道了这次试飞的消息。宣统二年，冯如又制成一架当时世界上性能较先进的双翼飞机，从八月末开始试飞和表演，飞行高度310米，时速105公里，大获成功，受到孙中山的赞许，成为我国第一个航空设计师和

　　宣统三年（1911年）正月，冯如拒绝了英美各国的重金聘请，与助手携带两架飞机回国，并准备将设在美国的广东飞行器公司迁回广州，企图发展祖国的航空事业。但由于当时的清廷对航空事业毫无兴趣，使冯如的一腔爱国热情化为泡影。辛亥革命时，宣布独立的广东军政府曾组织飞行队，冯如被委任为队长，准备率机北上参战。但因南北议和、清廷逊位而作罢。1912年8月25日，冯如在广州的一次飞行表演中因飞机失事，不幸牺牲。遗体安葬在广州先烈路黄花岗烈士陵园。为了表彰冯如的功绩，国民政府追授其为陆军少将军衔，并立碑纪念，尊名"中国创始飞行大家"。

罗振玉开拓甲骨金文研究

　　罗振玉自青年时起酷好金石考订之学，生平著述130余种，刊印书籍400多种，对中国的甲骨金文研究作出了开拓性的贡献。

　　罗振玉（1866年—1940年）字叔蕴，一字叔言，号雪堂，浙江上虞人。15岁中秀才，当过塾师。曾在上海创办农学社、东文学社，并出版《农学报》。光绪二十八年（1902年）任南洋公学虹口分校校长。光绪三十年（1904年）创办江苏师范学堂，任监督。光绪三十二年（1906年）奉召入京，任职于学部。思想顽固守旧，主张恪守旧制，反对任何改革。辛亥革命后，逃往日本，以清朝遗老自居，图谋复辟。九一八事变后，参与制造伪满洲国的活动，曾任"监察院"院长等职。

　　罗振玉平生搜集和整理甲骨、铜器、简牍、明器、佚书等考古资料，均有专集刊行。在甲骨金文研究方面的代表作是《殷虚书契前编》和《三代吉金文存》。《殷

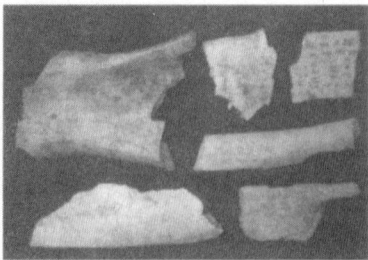

甲骨文

虚书契前编》是最重要的甲骨集之一。宣统二年（1910年），罗氏作《殷商贞卡文字考》时，全国所见甲骨不过数千，罗本人收藏七八百片。他命古董商赴安阳搜集，先后所见达3万片。从中选编《殷虚书契前编》20卷，至宣统三年（1911年）告成。在《国学丛刊》第1~3册连续用石印发表了前3卷，共有甲骨294片。辛亥革命后罗到日本，重编《殷虚书契前编》8卷，1913年在日本出版印行，1932年又在上海重印，共有甲骨2229片，所收比20卷本略有增加。1914年，罗把所藏甲骨及字细难拓的小片甲骨编为《殷虚书契菁华》1卷，共收甲骨68片。1916年，又选录所藏《前编》未收者为《殷虚书契后编》2卷，共收甲骨1104片。1933年，罗再把平时所得各家甲骨拓片编为《殷虚书契续编》6卷，共收甲骨2016片。

《三代吉金文存》共20卷，收录传世的殷、周青铜器铭文拓片4835件，从食器到兵器20余类，分别按铭文字数之多少排列，搜罗颇富。但分类略显不当，且无图像说明。

罗振玉平生整理、记集、出版的甲骨金文著作，保存了大量甲文金文研究资料，为后来学者提供了巨大方便，开拓了中国甲骨金文的研究，在中国古文字研究史上占有重要地位。

厚葬南怀仁

康熙二十七年（1688年）二月，南怀仁卒于北京，二十七日，予以厚葬，死后谥号勤敏。

南怀仁（1623年—1688年），比利时人，号敦伯，是耶稣会传教士。1659年，他来到中国，曾被康熙帝召到京城协助汤若望修历法，他不但传教、修历，还参与造炮。康熙二十年（1681年），南怀仁督造欧式神威炮320门，并于卢沟桥试放成功。康熙二十二年（1683年），南怀仁对傅汛际续译的《名理探》后二十卷进行校补，并接着翻译，

南怀仁像

译成《穷理学》六十卷。呈奉朝廷，并因书中宣扬"一切知识记忆，不在于心，而在头脑"的新观点，被朝廷焚烧，但南怀仁对新知识的介绍功不可没。南怀仁精通汉文、满文。历任钦天监监正加工部右侍郎等职务。曾向康熙帝讲授数学等知识。他著有《康熙永年历法》《仪象志》《教要序论》等书，对中国文化的传播做出了一定贡献。

顾祖禹著《读史方舆纪要》

明末清初，顾祖禹著历史地理名著《读史方舆纪要》，该书原名《二十一史方舆纪要》，共 130 卷，附《舆图要览》4 卷。

顾祖禹（1631 年—1692 年），字瑞王，号景范，学者称宛溪先生，江苏无锡人。清顺治十六年（1659 年）起，于教学之余，撰写《读史方舆纪要》。康熙十三年（1674 年），三藩兵起，入耿精忠部为幕僚，藉以反清复明。兵败北归，复修纪要。二十六年（1687 年）受聘参修《大清一统志》，书成不肯列名，毕生精力贯注于撰写《读史方舆纪要》，历时 30 余年成书。

《读史方舆纪要》约成书于康熙三十一年（1692 年）前，作者参考二十一史和 100 余种地方志、总志等，并吸取前人研究成果，撰成此书。该书前卷

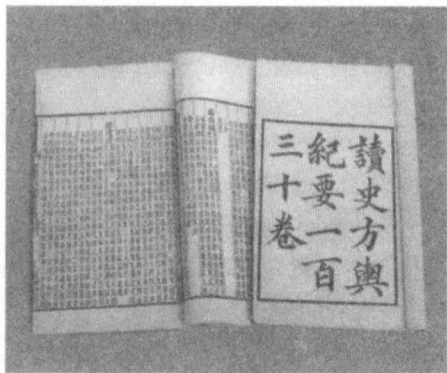

《读史方舆纪要》

为历代州域形势，记述历代王朝的盛衰兴亡和地理大势。中 14 卷为两京十三布政使司，分叙府、州、县疆域、沿革、方位、山川、关隘、城镇、古迹等，并记载其地发生的历史事件，考订其变迁，剖析其战守利害。书末有《川渎异同》6 卷和《分野》一卷。所附《舆图要览》4 卷，内容有两京十三布政使司、九边、黄河、漕运、海运及朝鲜、安南、海夷、沙漠等图。

该书内容详备，条理明晰，结构严谨，体例新颖，并以记述军事地理为其特色，于山川险易、古今用兵战守攻取、兴亡成败等叙述尤详。因此，张之洞《书目答问》将其列入兵家，是研究我国军事史及历史地理的重要文献。

竺可桢开创中国近代地理学 · 奠定中国气象事业

竺可桢（1890 年 —1974 年），字藕舫，浙江上虞县东关镇人（旧属绍兴县），中国著名地理学家、气象学家、教育家，是中国近代地理学的开创者和现代气象事业的主要奠基人。哈佛大学博士，学成归国后历任南开大学教授，东南大学、浙江大学校长，中央研究院评议员、院士，解放后任中国科学院副院长，兼中科院自然资源综合考察委员会主任、生物学地学部主任、中国自然科学史研究委员会主任等，为中国科学院学部委员，还长期担任中国地理学会理事长、中国气象学会理事长、中国科学技术协会副主席等职，为中国近代地理学和气象事业做出了卓越贡献。

竺可桢（1890 年 —1974 年），气象学家、地理学家。浙江上虞人。1910 年赴美留学，先学农，后入哈佛大学学习气象并获博士学位。曾任浙江大学校长。中华人民共和国成立后，任中国科学院副院长等职。是中国近现代气象学的奠基人和近代地理学开创者。

1921年竺可桢在东南大学筹建并主持了中国第一个地理系，编著中国高等教育第一部地理学教材——《地理学通论》。并开创了中国季风、中国气候区划和自然区划、中国历史气候和中国物候等研究，有创造性成就。领导组建了中国科学院地理研究所及其10多个大型自然资源考察队，筹划中国多个地区性和专业性地理研究所。领导或指导了历次地理学发展规划的制订和中国自然区划工作的开展，以及《中华人民共和国自然地图集》和《中国自然地理》的编纂工作，指出中国地理学为生产建设特别是为农业服务的方向，以及地理学在发挥综合性研究特点的同时，要注意部门地理学研究的对象。另外，竺可桢在筹划组建早期的中国气象观测网，开展中国高空探测和天气预报业务方面，也做出了卓越贡献。

竺可桢共发表论著270余篇，较著名的有《中国气候区域论》《中国气流之运行》《东南季风与中国之雨量》《中国气候概论》《历史时代世界气候的变动》《中国近五千年来气候变迁的初步研究》《论我国气候的几个特点及其与粮食作物生产的关系》等。

吴有训验证康普顿效应

1924年，吴有训在美国验证了康普顿效应、为量子物理学的发展作出重要贡献。

吴有训，1897年4月2日生于江西省高安县。1920年毕业于南京高等师范学校。1921年赴美入芝加哥大学，随A. H.康普顿从事物理学研究，1926年获博士学位。1926年秋回国。

吴有训在物理学领域中的重要成就是：在参与A. H.康普顿的X射线散射研究的开创工作时，他以精湛的实验技术和卓越的理论分析，验证了康普顿效应。1924年他与康普顿合作发表《经过轻元素散射后的钼Ka射线的波长》。1926年他单独地发表《在康普顿效应中变线与不变线的能量分布》和

《在康普顿效应中变线与不变线的能量比》两篇论文。这些成果丰富了康普顿的工作，使康普顿效应进一步为国际物理学界所公认。

1928 年吴有训任教清华大学物理学系以后，尽管教学工作和行政工作繁重，仍然坚持进行科学研究。他发表的有关 X 射线散射的论文达 50 多篇。他积极组织并参加近代物理学的研究，是中国开展近代物理实验的先驱者。

侯德榜创"侯氏碱法"

侯德榜（1890 年—1974 年），字致本。福建闽侯（今福州市）人。清华留美预备学堂高等科毕业。后入美国麻省理工学院学习化工。1921 年获美国哥伦比亚大学哲学博士学位。同年被范旭东聘为塘沽永利制碱公司技师长。从此成为范兴办化学工业的主要技术伙伴。1926 年 6 月，在索尔维法保密的情况下，自行研制，生产出洁白的纯碱。其产品"红三角"牌纯碱在美国费城万国博览会和比利时工商博览会上获金奖，被誉为中国近代工业进步的象征。1935 年被中国工程师学会广西年会公推为第一届金质奖获得者。1934 年后，负责筹建中的永利化学工业公司宁厂的技术工作，引进美国氮气工程公司的先进技术，并亲自选购设备，监督施工，培训人才。1937 年，宁厂建成投产，侯德榜出任厂长。陆续生产出合成氨、硫酸、硫酸铵、硝酸等产品。抗战期间，随永利化学工业公司往四川，协助范旭东在乐山五通桥建立永利川厂。因索尔维法制碱成本太高，而国外又实行技术封锁，遂决心自行研制开发。

1941 年，制造纯碱与氯化铵的新工艺研制成功，经范旭东提议，命名为"侯氏碱法"。1943 年完成了从合成氨开始的联合制碱流程，使大批量制碱变为现实。同年在中国化学学会第十一届年会上，"侯氏碱法"获"中国工程学会一届化工贡献最大者奖"。1964 年，"侯氏碱法"实现工业化生产，正式命名为"联合制碱法"。

侯德榜的著作有《纯碱制造》（英文版、俄文版）和《制碱工学》（中文版）。除研制成功"侯氏碱法"外，并研制成功以碳化法生产碳酸氢铵的工艺，使化肥产量迅速增加。

侯德榜以其卓越的成就成为中国现代化工技术的奠基者。